AF460396

31 mars 1908

Art Japonais

Collection P. Barboutau

Objets d'Art

Estampes

Peintures

Tissus anciens

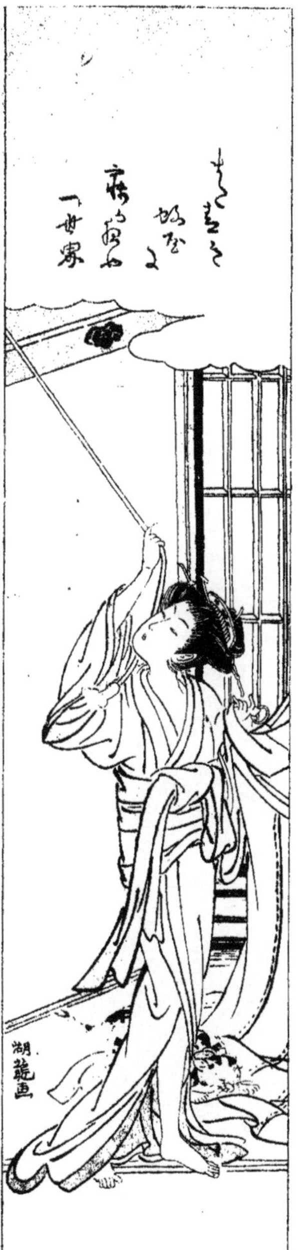

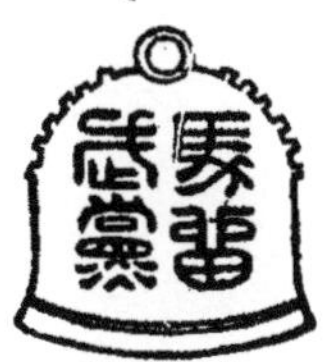

VENTE PUBLIQUE

Hôtel Drouot, Salle n° 7, Paris

du 31 Mars au 3 Avril 1908

Collection Pierre Barboutau

ORDRE DES VACATIONS

31 mars.	Objets d'art, dessins, estampes.
1er avril.	Objets d'art, estampes.
2 avril	Estampes, peintures.
3 avril	Estampes, tissus anciens, peintures.

CONDITIONS DE LA VENTE

La vente sera faite au comptant.

Les acquéreurs paieront 10 pour 100 en sus des enchères.

Les expositions permettant aux acheteurs de se rendre compte de l'état et de la nature des objets mis en vente, aucune réclamation, pour quelque cause que ce soit, ne sera admise une fois l'adjudication prononcée.

L'expert, dans l'intérêt de la vente, se réserve la faculté de réunir ou diviser les lots.

[illegible]. — Corbeil. Imprimerie Ed. Crété.

ART JAPONAIS

Collection Pierre Barboutau

Objets d'art, Tissus anciens

Peintures et Estampes

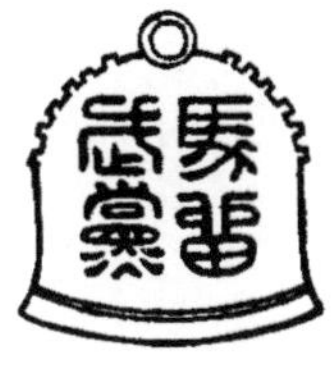

LA VENTE AURA LIEU

Les Mardi 31 Mars, Mercredi 1er, Jeudi 2 et Vendredi 3 Avril 1908

HÔTEL DES COMMISSAIRES-PRISEURS, RUE DROUOT, PARIS

Salle N° 7, à 2 heures précises

Mᵉ F. LAIR-DUBREUIL
COMMISSAIRE-PRISEUR
Rue Favart, 6

Mʳ ERNEST LEROUX
EXPERT
Rue Bonaparte, 28

EXPOSITION PUBLIQUE

MÊME SALLE

Le Lundi 30 Mars, de 1 h. 1/2 à 6 heures

COLLECTION P. BARBOUTAU

SCULPTURES

1. — Deux extrémités de poutres représentant des « shi-shi » (lions chimériques) vus dans la moitié antérieure de leurs corps, les pattes projetées en avant sous leurs têtes féroces. Bois sculpté et peint. — XVIIe siècle.

2. — Statue de la déesse Kwa-non. Bois sculpté laqué et doré. Une notice historique, que nous avons pu nous procurer, nous apprend que « c'est dans le temple Eï-sho-ji, à Kama-koura, que cette image de Kwa-non a été respectueusement consacrée. Le cinquième mois de la onzième année de Keï-tchô (juin 1606), Hoso-kava Et-tchou no kami Tada-toshi, qui était un grand « Daï-myo », pria le temple de lui donner cette image, qui fut plus tard déposée par lui dans son temple, appelé Myô-kaï-ïn, à Shinagava, durant la douzième année de Shô-ho (1645) ». B. A. J. (1), n° 752.

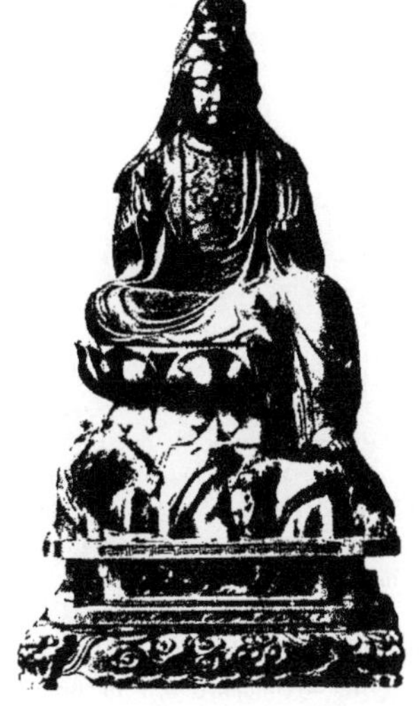

N° 2.

MASQUES

3. — Masque de « Ghi-gakou ». Personnage riant. Les arcades sourcilières forment un croissant à concavité supérieure accentuée. Les yeux, les narines du nez busqué et pointu largement dilatées et la bouche tendent à dessiner la même courbe. Les pommettes très saillantes accusent l'énergie un peu bestiale du rire. Dans les yeux, la place des iris est seule évidée. La vie intense, exubérante, est admirablement rendue par une exécution large et puissante. Bois sculpté peint en vert foncé. — XVIIe siècle. B. A. J., n° 757.

4. — Même personnage. L'exécution est aussi libre et aussi forte : l'expression est à bien peu près la même. Bois sculpté peint en rouge sombre. — Idem. B. A. J., n° 758.

5. — Même personnage ; mais faisant une moue méprisante, un peu irritée toutefois. La facture de ce masque est aussi puissante que celle des deux masques précédents ; la vie aussi simplement et pleinement rendue. Bois sculpté peint en rouge foncé. — Idem. B. A. J., n° 759.

1. On trouvera, à la suite d'un certain nombre des pièces décrites dans ce catalogue, la mention : B. A. J. suivie d'un numéro. B. A. J. signifie : Biographies d'Artistes Japonais, n° 1 ; c'est-à-dire reproduit sous le n° 1, dans l'ouvrage de M. Pierre Barboutau, intitulé :
Biographies d'Artistes Japonais dont les œuvres figurent dans la collection Pierre Barboutau. Paris, 1904. 2 vol. grand in-4° illustrés de 115 très belles planches.

6. — Vieux masque-applique. Vieillard au front, de forme assez pure, creusé de rides profondes cependant ; rides accentuées aussi sur les pommettes saillantes, autour des commissures buccales, et sur toute la mâchoire inférieure. Le nez n'est point exagéré comme dans les masques précédents ; les yeux et la bouche, aux dents longues et rares, sont de dimensions plus exactes aussi. Plus de stylisation dans cette face placidement aimable, très vivante certes et que nous croyons avoir rencontrée cent fois chez nous aussi bien qu'au Japon. Bois sculpté recouvert de peau et orné de crins. Les yeux, faits d'une manière vitreuse, ajoutent singulièrement à l'expression de vie. B. A. J., n° 760.

7. — Masque de « No » représentant Ha-nia. Front fuyant et cornu, yeux saillants dans les orbites assez creuses, nez à la fois épaté et busqué, bouche largement ouverte montrant des dents redoutables, pommettes accentuées, menton proéminent et pointu, tels sont les caractères principaux de ce démon femelle, à la face rosée, dont les yeux dorés, ainsi que les dents, ajoutent à l'expression de sa férocité sauvage. Bois sculpté et laqué. — XVIIe siècle. B. A. J., n° 761.

NÉDZOUKÉ

8. — Masque : Guerrier au chef surmonté d'un casque dont le cimier est composée d'un disque et de deux antennes. Fer. — XVIIe siècle. B. A. J., n° 765.

9. — Le dieu Daï-kokou, dispensateur des richesses, représenté coiffé de son bonnet. Fer. — Idem. B. A. J., n° 766.

10. — Ha-nia tirant la langue. Bronze. — XVIIIe siècle.

11. — Personnage grimaçant. Bronze. — Idem.

12. — Ha-nia, la bouche largement ouverte, regarde férocement. Bois ; les yeux sont en bronze. — Signé : I-sëu. — XVIIIe siècle. B. A. J., n° 768.

13. — Même personnage. Face plus nettement triangulaire, plus trapue aussi. Canines très développées au maxillaire supérieur. Bois. — Idem. B. A. J., n° 769 *bis*.

14. — Même personnage. Les trois quarts supérieurs de la face sont seuls représentés ici. Bois. — Idem.

15. — Daï-kokou, le dieu de la richesse, pilant du riz dans un mortier. Porcelaine de Dohatchi blanche, bleue et verdâtre. — Idem.

16. — O-kamé tenant une branche de chrysanthème. Faïence revêtue d'émaux, gris sur le vêtement, noir sur les cheveux. — Idem. B. A. J., n° 791.

17. — Ho-teï assis près de son sac. Porcelaine. Idem.

18. — Personnage se grattant le dos. Bois. Idem.

19. — Enfant tirant la langue. Bois. Idem.

20. — Tcha-ya construite dans un rocher et entourée d'arbres. Ivoire. Idem.

21. — Nédzouké bouton. Le vieux et la vieille de Taka-sago auprès de leur pin aussi âgé qu'eux-mêmes. « Shibouitchi » gravé ; monture en ivoire. — Idem.

22. — Daï-kokou représenté avec une grande barbe. « Shibouitchi » gravé et incrusté d'or. Monture en ivoire de narval. Idem.

23. — Bouton de forme carrée. Un homme s'agrippant aux rochers. Ivoire. Idem.

LAQUES

24. — En écorce d'arbre. Un paysan s'appuie des pieds contre un saule pour retenir à la longe un taureau en humeur d'indépendance. Incrustations de nacre et de plomb. — xviie siècle.

25. — Petite boite cylindrique, en bois foncé, admirable de couleur et de proportions, sur laquelle sont indiqués largement deux pins tourmentés. Signé : Ko-rïn. — Idem.

26. — Grues près d'une barrière et héron dans les roseaux. Incrustation de nacre et d'or. — Idem. B. A. J., n° 947.

27. — Paysage en pays montagneux. Sous un pin, auprès d'une roche, on voit deux bâtiments. Incrustations d'argent et d'or. — Idem.

28. — Nasse et roseaux, près d'un ponceau. Mêmes incrustations. — Idem.

29. — En laque frotté. Martins-pêcheurs auprès de nasses.

CÉRAMIQUE

CORÉE

30. — « Kashi-ki » (plat à gâteaux) en « Ko-ma yaki » (cuisson de Ko-ma — localité coréenne —). Coupe évasée à couverte crème, d'un ton délicat et très finement craquelée. Un ornement, en relief de rinceaux très simples, répété cinq fois dans la surface intérieure de cette pièce charmante, ne contribue pas peu à sa beauté. — xviie siècle.

JAPON (Poterie archaïque)

31. — Vase très archaïque modelé, avant l'usage du tour, dans un caractère éminemment simple. D'un aspect massif, cette pièce rare présente une forme ovoïde brutalement pétrie, sauf au col nettement indiqué. Terre rougeâtre noire. Haut. : $0^{m}.10$. — xvie siècle. B. A. J., n° 808.

32. — Ce grand pot, largement tourné en forme d'urne, porte en relief à sa partie supérieure une sorte d'anneau étroit et quatre saillies. La décoration est complétée par de nombreuses lignes peu profondes, rayonnantes entre l'anneau et le col, verticales sur le reste de ce vase d'une extrême rareté. Couverte noire. Haut. : $0^{m}.31$. — xiiie siècle.

33. — Pot de forme trapue et de bonne assiette. Le profil simple et bien arrêté du col est très élégant. Terre rougeâtre à couverte noire. Haut. : $0^{m}.105$. — Idem. B. A. J., n° 810.

34. — Bouteille aplatie au col évasé. Garnie de deux anses et destinée à être suspendue, elle est faite d'une terre gris foncé et porte comme décoration, sur la panse, les traces du tour très nettement marquées. Haut. : $0^{m}.235$. — Idem.

35. — « Shi-shi » (1), en terre cuite de Na-ra, se tenant debout sur ses quatre pattes, tournant un peu le corps et surtout la tête vers la gauche, en faisant le gros dos à la façon des chats. La facture de cette pièce, admirable d'exécution dans le détail comme dans l'ensemble, est d'une largeur et d'une sûreté sans égales. L'artiste qui l'a conçue était certainement imbu de l'esthétique coréenne, car ce « shi-shi » ne ressemble guère à ceux que les Japonais ont produits depuis. La pièce porte des traces de couleur et de dorure. — xe siècle. B. A. J., n° 813.

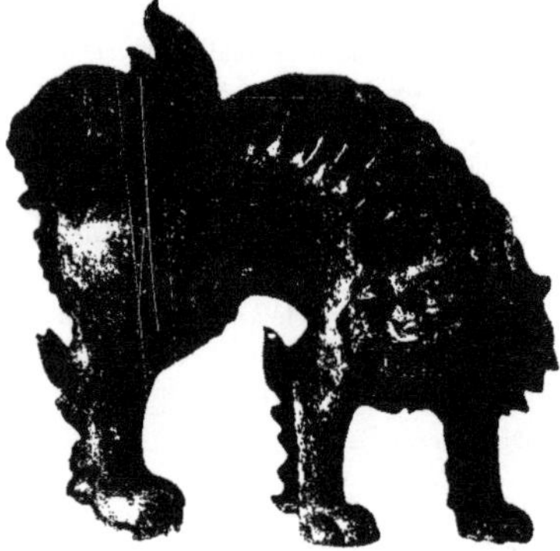

N° 35.

KO-SÉ-TO

36. — « Tcha-iré », du genre « koutchi baghé-té », de forme trapue, cylindro-conique, un peu écrasée dans le quart supérieur, décorée d'un anneau mince en partie usé et de reliefs lenticulaires. Terre assez grossière, revêtue d'une couverte noire à peu près disparue. La base du col « coupé » est laquée en brun très foncé. Œuvre de Ka-to Shiro-za-yé-mon (To-shiro Ier). Haut. : 0^m,076. — xiiie siècle. B. A. J., n° 814.

37. — Porte-bouquet applique, de forme à peu près cylindrique, aplati en arrière et marqué en avant de deux coups d'outil verticaux, qui intéressent des nervures circulaires décorant la pièce de haut en bas. Sur la couverte brune, un émail jaune accentue les nervures et semble dessiner des vascularisations. Une belle coulée blanchâtre descend du goulot, particulièrement en avant. Haut. : 0^m,123. — xvie siècle.

38. — « Tcha-iré » tronconique, à nervures circulaires. Terre foncée à couverte brune émaillée de jaune et de vert sombre. Haut. : 0^m,11. — xvie siècle. B. A. J., n° 815.

39. — « Ma-tcha-iré » trapu en terre grisâtre revêtue d'émail brun verdâtre, épais, sombre, mat et tachée de jaune. Haut. : 0^m,72. B. A. J. — Idem, n° 816.

40. — Statuette de Ho-teï, assis sur une pierre. Celle-ci est recouverte d'un bel émail vert. Le manteau du dieu est jaune et ses chairs replètes laissent voir la terre grisâtre très fine, légèrement teintée de rouge. La pose du corps et l'expression de la figure sont très vivantes. Haut. : 0^m,18. — Fin du xviie siècle. B. A. J., n° 817.

41. — « Tcha-iré » en forme de barillet orné d'un col. Sur la couverture brun clair ont coulé des émaux jaune et brun foncé. Haut. : 0^m,09. — xviie siècle. B. A. J., n° 818.

KI-SÉTO

42. — « Oki-mono » (objet d'ornement). Statuette représentant Hito-maro, le célèbre poète japonais, assis sur son talon gauche, le poing droit sur le genou droit relevé, le bras gauche

(1) Lion chimérique.

sur un appuie-main. Terre blanche entièrement émaillée de jaune grisâtre, sauf à la chaussure et au bonnet qui sont bruns. Haut. : 0m,27. Fin du XVIIIe siècle. B. A. J., n° 822.

43. — « Mizou-iré » (compte-gouttes) représentant une tortue de mer. Idem.

BI-ZEN

44. — « Itchi-rïn-zashi » (porte-branchette en forme d'aubergine). Couverte brune surémaillée de jaune mat et de brun foncé brillant. Haut. : 0m,08. — XVIIe siècle.

45. — « Mizou-iré » (pot à eau, compte-gouttes). Statuette très délicate, puissante et large de facture en même temps, d'une intensité de vie singulière. Elle représente Lo-ei. Longueur : 0m,10. — Idem.

46. — « Tetsou ki sara » (assiette à poignée). Pièce très vigoureusement modelée, non sans grâce toutefois, et émaillée largement de brun taché de vert. Diamètre : 0m,18. — Idem.

47. — « Ko-ro oki-mono » (ornement brûle-parfums). Deux cailles sur une rave. Grès brun tacheté de jaune. Haut. : 0m,22. — Idem. B. A. J., n° 827.

48. — « Hana-iké » (vase à fleurs), en forme de bouteille à col très étroit. Grès brun grenu. — XVIIIe siècle.

49. — « Mizou-sashi » en « ao-Bi-zën ». Panse énergiquement bossuée et reliée au col par un bourrelet massif qui porte deux anses. Couverte jaune à reflets verdâtres avec quelques taches brunes du plus heureux effet. Haut. : 0m,17 ; diam. : 0m,20. — Idem. B. A. J., n° 837.

50. — Statuette d'un « ra-kan », prêtre indien, en prière. La pose est simple, vraie et d'un grand caractère. La tête très vivante a une expression grave. Grès à couverte jaune rougeâtre. Haut. : 0m,155. — Idem. B. A. J., n° 838.

51. — « Kaké-hana-iké » (porte-bouquet applique à anse) très brutal de structure et de beau caractère. Bossué savamment et rugueux sous sa couverte d'un vert assez riche, c'est un vase admirablement prêt à recevoir une branchette fleurie. — Idem.

RAKOU

52. — Boîte à parfums de forme oblongue en « aka Rakou » (Rakou rouge), décorée d'une haie vive, par To-sa Mitsou sada, frère de To-sa Mitsou-öki. Couverte rouge. Dessin en émail blanc et vert. — Idem.

53. — « Matsou-cha (prononcez : Mat'tcha) dja-wan » d'une forme simple extrêmement réussie et d'un ton vert clair admirable à l'extérieur. L'intérieur est d'un brun verdâtre. — Idem. B. A. J., n° 847.

54. — « Oki-mono » représentant Dharma. Chairs d'un rouge profond ; vêtements, par places d'un rouge plus pâle. Modelée puissamment, cette statuette fort belle est attribuée sans injustice à Rit-sou-ô. — Idem. B. A. J., n° 849.

55. — Lièvre broutant. Couverte bleu clair, d'un ton fort riche. Les yeux sont émaillés de rouge. — XVIIIe siècle.

56. — **Statuette de Ho-teï**, le dieu protecteur de l'enfance. Il est représenté, assis auprès de son sac, tenant de la main droite l'éventail directeur des luttes. Son large et franc rire, son ventre replet inspirent la joie. Tout le corps du dieu est émaillé de rouge; le sac est vert. Larg.: 0m,55; haut.: 0m,33. — Idem. B. A. J., n° 851.

57. — Tcha-wan en vieux Rakou, à couverte jaune d'ocre recouverte, par places d'émail blanc. Sur celui-ci un paysage est tracé d'un côté, tandis qu'une poésie est écrite de l'autre. B. A. J., n° 852.

58. — Deux coquilles posées en partie l'une sur l'autre. La supérieure est d'un rouge profond, l'autre grise et très heureusement craquelée. Trois petits pieds supportent la pièce. — Début du XVIIIe siècle.

KARA-TSOU

59. — « Tcha-wan » dit « haké-mé go-ki » (« haké-mé » signifie : ligne faite avec une brosse; « go-ki » est le nom de cette forme de tasse). Bol d'une ligne admirable, à couverte rouge et gris jaunâtre. Il est difficile de mieux s'assimiler l'art coréen. — XVIe siècle. B. A. J., n° 857.

SHIGHA-RAKI

60. — « Mizou-sashi » plus large dans le bas et le haut que dans la partie moyenne. La terre est visible près de la base; le reste du pot est recouvert d'émail blanc craquelé, sur lequel descendent des coulées bleues et rouges. Quelques dessins largement tracés en brun et en rouge complètent, avec une superbe tache verdâtre, la décoration puissante de cette pièce, dont la surface interne n'est pas moins belle de ton que l'extérieur. — XVIIe siècle. B. A. J., n° 864.

KO-YÉ-MON

61. — Deux « nïn-ghio » (poupée) par Ko-yé-mon, en terre recouverte d'un ton brun foncé.

A. — Courtisane en promenade; B. A. J., n° 867 A.

B. — Bourgeois coiffé d'un large bonnet ressemblant à un béret. B. A. J., n° 867 B.

Ces deux pièces sont signées Ko-yé-mon. — XVIIe siècle.

NIN-SEI

62. — Grand « te-abouri hi-batchi » (pot à feu pour chauffer les mains), décoré sur blanc de chrysanthèmes bleus et jaunes aux feuilles bleues, vertes et rouges. Pièce attribuée à Nïn-seï Ier.

KËN-ZAN

63. — « Ka-shi-zara » en forme de feuille, décoré de fleurs jaunes dans un feuillage vert et rougeâtre. Signé en dessous: Kën-zan.

SATSOUMA

64. — « Hi-iré » (petit pot à feu), de forme cylindrique, recouvert extérieurement d'un émail noir. Idem.

65. — « Tcha-wan » décoré de pivoines fleuries, dans des médaillons placés au milieu de dessins géométriques rouge et or. Une petite frise délicate, à rinceaux de feuillage, court tout au-dessous du bord. A l'intérieur, couverte crème finement craquelée et sans aucun décor. — XVIIIe siècle. B. A. J., n° 892.

66. — Bouteille porte-fleur, à panse sphérique. Couverte dont la coloration va du blanc au gris. Par-dessus cette couverte, des chrysanthèmes rouges et bleus sertis d'or sont enfilés dans une cordelière gracieusement nouée au-dessus d'un papillon aux ailes noir, rouge et bleu serties d'or, dont les pattes se prolongent en de gracieuses volutes ornées de feuilles de mêmes tons que les fleurs. — Idem.

67. — « Tatchi tcha wan », tasse à thé cylindrique à couverte craquelée blanc grisâtre représentant les seize « ra-kan ». — XIXe siècle.

O-MOURO

68. — « Tcha-wan » à couverte d'émail gris verdatre décoré de branchettes de pin. — XVIIIe siècle.

HIRA-TO

69. — « Kara-ko nîn-ghio » (poupée représentant un enfant chinois). Un enfant à demi couché. Porcelaine blanche rehaussée de bleu clair. — XIXe siècle.

DIVERS

70. — « Ko-go » modelé dans la forme du marteau de Daï-kokou, à couverte brune revêtue d'une autre couverte grise. Sur le couvercle sont trois boules de fortune de différentes grosseurs. Pièce d'un goût délicat dont le lieu de fabrication nous est inconnu.

71. — Tuile portant les images de trois divinités bouddhiques (imitation de tuile indoue).

72. — « Ko-tcha-wan » à couverte brune décorée d'un prunier en fleurs. Intérieur craquelé d'un blanc crème.

73. — Petite tasse à thé plate avec couvercle décoré de bandes vertes et rouges.

74. — Petite théière, terre noire très légère, ornée de gracieuses arabesques. Ouvrage de Ghiokou-djiou

75. — Autre petite théière, de même matière, ornée d'animaux archaïques et de vieux caractères chinois.

76. — Bouteille à « saké » à couverte brun jaunâtre piqueté surémaillée de coulées et irisations blanches et bleues.

77. — Mizou-iré en porcelaine blanche de Nan-kin représentant une tortue de mer appelée « Mino-kamé », c'est-à-dire tortue au manteau de paille. Cette dernière partie est de couleur bleue et jaune.

78. — Cinq petits « tcha-wan » de formes différentes et gracieuses en Aka-hada. Couverte brune orné de dessins bizarres, émaillée mi-partie blanc et vert tigré.

BRONZES

79. — « Mizou-iré » (compte-gouttes) en forme de mangue et de fleur de manguier. — XVIIe siècle.

80. — Petit vase portant deux anses au col. — Idem. B. A. J., n° 965 *bis*.

81. — Un coq et une poule en bronze d'une grande vérité de mouvement, d'une belle facture et d'un beau ton. Le coq est un brûle-parfums. — Idem. B. A. J., n° 975.

82. — Petit « oki-mono » représentant un diable accroupi se relevant, un grand tambour sur le dos. — Idem.

FER

83. — Brûle-parfums en forme de hibou, d'un grand caractère. — XIIIe siècle. B. A. J., n° 978.

84. — Panier en fer, tressé comme de l'osier ; chef-d'œuvre d'adresse et de goût attribué à un Mio-tchïn. — XVIIe siècle. B. A. J., n° 979.

85. — Grelot en fer forgé. — XVIIe siècle.

86. — Sorte de hachoir pour couper le tabac, en fer forgé. Pièce fort curieuse, également attribuée à l'un des Mio-tchïn.

GARDES DE SABRES

XVIe SIÈCLE

87. — A l'intérieur de deux cercles unis par des rayons, deux dragons se dirigeant chacun vers une boule de fortune. Fer doré de Nan-ban. B. A. J., n° 983.

88. — Quatre dragons et deux têtes de « shi-shi » formant la décoration de cette garde de Nan-ban, en fer découpé, repercé et doré. B. A. J., n° 984.

XVIIe SIÈCLE

89. — Rat se mordant la queue. — Garde faite à Aï-dzou. B. A. J., n° 987.

90. — Deux dragons affrontés. Fer découpé et repercé. Nan-ban.

91. — Fer découpé. Rangées multiples de lignes sinueuses, par Oumé-tada du Yamashiro.

92. — Semblable à la précédente, mais un peu plus petite (ces deux gardes forment la paire). Du même.

93. — Disque radié par Tada-tsougou (Ki-naï Ier). Fer plein.

94. — Garde décorée, en découpage, d'une roue parmi les flots. Du même. B. A. J., n° 1003.

95. — Fer découpé en gril sur un tiers de sa surface, par Yasou-shiro de Hi-go.

96. — Poinçonnages divers, par Ki-a-sën, forgeron de la famille de Sho-a-mi.

97. — Chapeaux ciselés ou incrustés dans le fer. Raies de nuages découpées. Du même.

98. — Fleurs dans des rinceaux découpés et repercés. Fait à Tcho-shiou.

99. — Garde en coquille d'épée. Foukou-rokou jïn et son cerf. Fer travaillé à Mi-to. B. A. J., n° 1011.

100. — Taï-ra no Tada-mori et le bonze de l'huile. Fer découpé et doré, par Mo-gara-shi de Hiko-né.

101. — Deux grues affrontées en « mon ». Fer découpé ; travail de Aï-dzou. B. A. J., n° 1031 *bis*.

102. — Garde quadrilobée. Dans des carrés sont inscrits, de part et d'autre, des caractères chinois. Fer frotté d'or et d'étain. — xviie siècle. B. A. J., n° 1016.

XVIIIe SIÈCLE

103. — Oiselet sur un prunier fleuri et narcisse dans un ruisseau, ateliers de Yé-do.

104. — Oiseau passant devant un saule sous la pluie. Garde en « shibouitchi » faite à Yé-do.

105. — Foukou-rokou lisant son maki-mono. « Shibouitchi » incrusté d'or. Yé-do.

106. — Tigres dans la mer près d'un rivage plantés de bambous. Travail de Aï-dzou, incrusté d'or et d'argent. B. A. J., n° 1026.

107. — Dragons affrontés. Garde en fer très robuste frotté d'or.

108. — Dans une forêt de bambous, un chasseur chinois s'arrête éperdu de voir Bouddha entre les pattes d'un cerf qu'il allait tuer. Fer incrusté d'or. Ateliers de Aï-dzou.

109. — Fruit et poisson séché. Fer incrusté d'or, par Na-ra Mitsou-ôki.

110. — Sho-ki dans l'attente du combat. Fer incrusté d'or, d'argent et de bronzes divers, par Hitchi-yo-kën Masa-sada.

111. — Dragon en mordant un autre, par Mo-gara-shi So-tën de Hi-koné.

112. — Paire de gardes en fer plein, représentant toutes deux des paysages montagneux au bord de la mer, par Masa-tsouné.

113. — Couperet en argent. « Shakoudo » et « sëntokou » incrustés dans du fer. Ateliers de Mi-to.

114. — Deux poissons-dragons affrontés par un des Ki-naï. B. A. J., n° 1039.

115. — Homme écrivant sur le tronc d'un cerisier fleuri. Fer incrusté d'or et d'argent, par Seï-dzoui.

116. — Une paire de gardes représentant les ustensiles du « tcha no you ».

117. — Fleurs et feuilles de « ki-ri » disposées en « mon ». Fer ajouré. B. A. J., n° 1051.

118. — Oiseaux et cerisier fleuri. Fer incrusté d'or et d'argent.

119. — Garde entièrement découpée en dessins géométriques. Incrustations d'or dans le fer.

120. — Puits au clair de lune. Fer incrusté d'or, de « shakoudo » et de bronze rouge, B. A. J., n° 1054.

121. — Libellule et fleur. Fer découpé. B. A. J., n° 1055.

122. — Le dieu des vents soufflant la tempête. Fer incrusté d'or et d'argent. B. A. J., n° 1056.

123. — Un poète écrivant sur une cloche énorme.

124. — Dragon se dirigeant vers la boule précieuse. Fer incrusté d'or et de bronze rouge.

125. — Bouddha sous une cascade.

XIXe SIÈCLE

126. — Libellule se dirigeant vers un ruisseau. Fer incrusté d'or et d'argent, par Hisa-kaghé de Yé-do.

127. — Garde en forme de croix ouvragée. Fleurs diverses en or, « shakoudo » et argent sur fer, par un des Goto de Yé-do.

128. — Renard guettant les oiseaux. « Shibouitchi » incrusté d'or, de « shakoudo » et de bronze rouge. Atelier de Yé-do.

128 *bis*. — Dragon enroulé sur lui-même.

KODZOUKA

129. — Kodzouka en fer incrusté, décoré d'ustensiles du « tcha no you », par Etchi-zën no djo Mina-moto Naga-tsouné. — XVIIe siècle.

130. — Deux plaques de kodzouka en fer finement travaillées à jour. Ateliers de Hi-go. — Idem.

SABRES

131. — Grand sabre dont le fourreau est en laque noir gravé, à reliefs hélicoïdes dans le haut. La lame unie est d'une belle trempe. — Signé : Shighé-tchika (qui vivait dans le « nën-go » Shô-ô, 1286 à 1293). La garde, en fer plein, à rehaut d'or ciselé, porte un dragon dans les flots. Signé : Jia-koushi. — XVIe siècle. La monture complète, soit cinq pièces, est en fer incrusté ou niellé d'or. Fleurs et divers sujets très finement travaillés. — XVIIe siècle. « Ménouki » en « shakoudo » et or, décorés d'un motif de feuilles et de fleurs. Le manche du « kodzouka » est en fer ciselé, incrusté d'or et d'argent. Il représente un personnage sous un pin. — Fin du XVIIe siècle.

132. — Grand sabre dont le fourreau est en laque noir et brun chagriné, avec des paillettes nacrées de place en place. La lame, d'une grande finesse de grain, est décorée sur chaque face d'un dragon long de 0m,20. — Signé : Kami Kanémitchi, de Iga (qui vivait dans le « nën-go » Tën-sho, 1573 à 1592). La garde en fer, partiellement découpée, est ciselée et incrustée d'or. Vol de petits oiseaux au-dessus des flots. — Signé : O-mori. XVIIIe siècle. Les bouts et anneaux en « shakoudo » incrusté d'or et d'argent, sont ornés de paysages marins au clair de lune. — Signé Toshi-naga. XVIIIe siècle. « Ménouki » en « shakoudo » et or ornés de fleurs, feuilles et animaux.

133. — Petit sabre dont le fourreau est en laque brun gravé de gerçures. La lame, bien trempée et unie, est l'œuvre de Iyé-tsougou, de la province de Ka-ga, qui florissait au XVIe siècle. La garde, les bouts de sabre, les anneaux et le « kodzouka », en fer incrusté d'or, sont décorés de fleurs de « kiri » ; sur le « kodzouka » s'y ajoutent des dessins géométriques. L'anneau du cordon, en fer incrusté d'argent, porte deux pigeons sur un perchoir. Les « ménouki » représentent des chevaux, l'un vu de face et l'autre de croupe.

134. — Petit sabre dont le manche est en laque noir à reliefs hélicoïdes. Lame unie, signé : Tada-shiro, de Hi-zën. Petite garde en fer uni. Les bouts et anneaux en shakudo ciselé, sont incrustés d'or et d'argent. Vol d'hirondelles au clair de lune. Sur l'anneau, la lune se reflétant dans les flots. Attribué à Seï-zoui. XVIIIe siècle. Ménouki en divers métaux, décorés de dragons.

135. — Petit sabre. Fourreau en laque brun maroquiné orné de dragons en laque noir. La lame, en métal de grains très fins, est ornée de cannelures et de caractères gravés à froid ; elle mesure 42 centimètres. On lit sur la soie les caractères suivants : Shighé Yoshi-sakou (Yos hi sakou vivait à Satsou-shiou dans le nëngo de Taï-wa 1345 à 1350). La garde, en fer plein incrustée de fils d'or est signée : Oumé-tada Nami tchika, de Bou-shiou. Fin du XVIIe siècle. Les bouts et anneau sont en shakoudo grenu, ciselé et incrusté de divers métaux. Fleurs sur lesquelles un insecte vient se poser. Les ménouki sont en bronze doré, argenté et ciselé. Singes à cheval.

136. — Petit sabre. Fourreau en laque noir, maroquiné et orné de dessins géométriques. Lame unie. On lit sur la soie : Daï-hôou-shi-hôou-kyo-raï. La garde, en fer plein, porte gravés au burin, des rayons solaires XVIIIe siècle. Ménouki en bronze doré, et ciselé, shishi courant. Kodzouka en sentokou ciselé, incrusté de shakoudo, d'or et d'argent, senin au crapaud XVIIIe siècle.

137. — Long poignard dont le fourreau est en laque rouge maroquiné. La lame, d'une très belle trempe, signée : Yoshi-mitsou (Yoshi-mitsou vivait à Jo-shiou, dans le nëngo de Ko-an, 1278 à 1288). Les bouts et anneaux sont en fer avec des filets d'or.

POINTES DE FLÈCHES

138. — Deux pointes de flèches en silex (?) opaque, admirablement taillées à tout petits éclats. Elles présentent la forme d'une pyramide à base losangée et à pédoncule partant de cette base. — Époque préhistorique.

139. — En bronze, d'une belle patine, à section losangée, à pointe ogivale. Les tranchants présentent une concavité externe qui donne une grâce remarquable à cet engin meurtrier. — Époque préhistorique.

140. — « Ko-kari mata » (vol de petite oie). — Chasse et guerre. — Il n'est pas impossible que la forme de cette flèche sinon cette flèche elle-même, soit coréenne : elle est en effet contemporaine des grandes guerres de Corée. — Xe siècle. B.A.J., n° 1120.

141. — « O kari-mata » (vol de grande oie). — Chasse et guerre. — Époque des campagnes de l'empereur Go-reï-zeï contre les barbares de l'est. — XIe siècle.

142. — « Kari-mata » (vol d'oie). — Chasse et guerre. — Époque de la révolte des bonzes de Ko-foukou-ji contre l'empereur To-ba. — XIIe siècle.

143. — Ko-raï (nom d'un forgeron célèbre de la province de Etchi-zën). Époque de la grande guerre de Ho-ghën (ainsi nommée du « nën-go » Ho-ghën — 1156-1158 — dont elle fut contemporaine), dans laquelle l'empereur Sou-tokou fut vaincu par Taï-ra no Kyo-mori. — Idem.

144. — Autre forme des flèches employées durant la guerre de Ho-ghën (voir le numéro précédent). — Idem.

145. — « Hoghio dzoukashi tsoubaki gata togari ya » (flèche pointue simulant la feuille de camélia découpée en cœur). Ouvrage de la province de Boun-go. Époque de la victoire remportée à Dan-no-moura, en 1175, par Minamoto no Yoshi-tsouné sur les Taï-ra. — XIIe siècle. B. A. J., n° 1125.

146. — « Kari-mata ». Fabriquée à Iwa-ki, dans la province de Hari-ma, au moment que les Minamoto écrasaient définitivement la puissance des Taï-ra. — Idem. B. A. J., n° 1126.

147. — « Yanaghi ha gata » (figurant une feuille de saule). Faite par Youki-hara, « bet-to » du temple Ou-sa Hatchiman dans la province de Shiou-ga, qui eut l'honneur d'apprendre à l'empereur Go-to-ba l'art de forger les lames. — Idem.

148. — « Sasa ho gata » (figurant la feuille de bambou). Pièce exécutée par Nori-naga, forgeron de Shin-kaké, dans la province Yamato. — XIIIe siècle. B. A. J., n° 1128.

149. — « Wata koujiri » (arrache-entrailles) de l'époque de la guerre de Mi-déra, dans laquelle Kousou-noki Masa-shigé, fidèle vassal de l'empereur Go-daï-go, chassa les Ashi-kaga de Kyo-to. — XIVe siècle.

150. — « Kouwa gata » (feuille de mûrier). Flèche signée Nao-mouné, forgeron de la province de Bi-zën, qui vivait encore dans le « nën-go » Kën-bou (1334-1335). — Idem. B.A.J., n° 1130.

151. — « Hatchi sou hashi togari ya » (fer pointu découpé du chiffre huit). Cette flèche est du genre « arrache-entrailles ». Époque de la guerre de Mi-déra faite par l'empereur Go-daï-go pour punir la trahison de Ashi-kaga Ta-ka-oudji qui s'était proclamé « sho-goun » de lui-même et révolté contre lui. — Idem. B. A. J., n° 1131.

152. — « Tsoubaki-gata » (feuille de camélia), portant la signature de Kané-shighé, forgeron de O-gava dans la province de Hari-ma, qui vivait dans les années de Teï-wa (1345-1350). — Idem.

153. — « Ho-ghio dzoukashi togari ya » (fer pointu découpé en cœur). A pu servir durant la rébellion de Oué-soughi contre le « sho-goun », « durant le « nën-go » O-yeï (1394-1427). — Idem.

154. — « Kari-mata », par Séki Kané-oudji IIIe, forgeron de la province de Mi-no, qui vivait dans le « nën-go » O-yeï, dont nous venons de parler. — Idem. B. A. J., n° 1134.

155. — « Kamo no shita » (langue de canard), par Masa-tsougou, forgeron de sabres de Nan-to, qui vivait encore dans les années de Tcho-kyo (1487-1488). Ce genre de flèche a pu vraisemblablement être employé durant la guerre de O-nïn que se firent les familles Ho-so-gava et Yama-na, au sujet de la succession du « sho-goun » Yoshi-masa. — XVe siècle.

156. — « Saso-ho » (feuille de bambou), par Kané-harou, forgeron de Kïn-bo dans le

Yamato, qui vivait encore dans le nën-go O-yeï (1394-1427). — Idem. B. A. J., n° 1136.

157. — « Ko-kari mata ». Faite dans la province de Etchi-zën vers 1400, elle a pu servir dans la guerre que fit au « sho-goun » Yoshi-mitsou le seigneur rebelle Oué-soughi. — Idem.

158. — « Kyo-tsou-kashi tsoubaki » (figure de la feuille de camélia découpée de gourdes), par Yasou-youki, de la province de O-wari, qui vivait dans les années de Tën-boun (1532-1554). C'est l'époque de la révolte des bonzes de Hon-gwan ji contre le « sho-goun » Yoshi-harou. — XVIe siècle. B. A. J. n° 1138.

159. — « Yanaghi ha ko gata » (feuille de saule ou d'épée lancéolée). Cette forme a été employée à l'époque du « nën-go » Yeï-rokou (1558-1569) à la bataille que se livrèrent à Kawa-naka jima les deux armées de Oué-soughi et de Také-da. — Idem. B. A. J., n° 1139.

160. — « O kari mata », œuvre de Nobou-taka Ier, de la province de O-wari, ayant servi dans la même guerre que la précédente. — Idem.

161. — « Yanaghi-ha » (feuille de saule) portant la signature de Mitsou-zané, ancien « kéraï » du « daïmyo » « Mi-yoshi-kata ». Mitsou-zané se mit à forger des sabres et signa alors Tan-ba no kami Mitchi-zané, titre qui implique non pas que Mitchi-zané ait exercé les fonctions réelles de gouverneur de Tan-ba, mais la haute estime en laquelle on le tenait en bon lieu. Époque des guerres de Nobou-naga. — Idem.

162. — « O-kari-mata » par Nobou-kata Ier de la province de O-wari. — Idem.

163. — « Hoghio dzoukashi kari mata » (grand vol d'oie découpée à jour d'un cœur). Ouvrage de Nobou-taka II de O-wari. — Idem.

164. — « Ha-ghio dzoukashi togari ya » (flèche pointue découpée d'un cœur) portant la signature de Foudji-hara Souké-mitchi d'une famille de O-wari. Ce fer a été trouvé dans un tronc d'arbre et c'est en le retirant que l'un des crochets a été brisé. — Idem.

165. — « Kamo-no shita », œuvre de Kido de O-wari. — Idem.

OBJETS DIVERS

166. — Une poche à tabac en cuir. Le « kané-mono », qui n'est autre chose qu'un bout de sabre transformé à cette intention, est en fer incrusté d'or et de « shakoudo » ; il représente une divinité tenant un sabre et une corde lovée. Le « médzouké » est, lui, un anneau de sabre en fer incrusté d'or, d'argent et de bronze rouge ; il représente une cascade de chaque côté de laquelle se tient un personnage mythologique et est signé : Seï-zoui. On lui a adjoint un anneau et une petite cuvette en argent. — XVIIIe siècle.

167. Paire d'étriers, en fer incrusté de fil d'argent dessinant des fleurs et des feuillages. Travail très riche. — XVIIe siècle.

168. — En fer incrusté d'argent, représentant des paons qui font la roue. — Idem.

169. Quatre porte-bouquets en vannerie. Deux ont un peu la forme d'une gourde ; le troisième affecte celle d'une bouteille cabossée au large col écrasé ; la quatrième, plus petite, est munie de deux anses.

170. — Un briquet sëntokou, orné de fleurs de prunier. Bronze et argent incrusté.

171. — Plaque de fermoir en sentokou ciselé. Pêcheur et enfant dans une barque sous un saule.

172. — Un petit singe assis tenant une noix verte. Sorte de jouet du XVIIIe siècle, exécuté avec beaucoup de vérité.

173. — Un petit chien blanc et noir. — Idem.

174. — Une grande vitrine en palissandre.

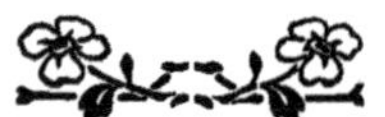

DESSINS

OUTA-GAVA KOUNI-YOSHI.

(1797-1861).

Quatre dessins (faits sur papier mince en vue de la gravure) représentant des apparitions monstrueuses et érotiques :

175. Grand format en largeur. Violences d'un guerrier ;

176. Format en hauteur. « Samouraï » et son serviteur épouvantés par une apparition féminine ;

177. — Un personnage regarde l'exposition d'une tête coupée ;

178. — Les âmes des Taï-ra remontant à la surface de la mer.

Neuf dessins reproduisant des figures célèbres représentées en bustes. Compositions remarquables par la puissance du pinceau et le caractère de vérité, qui distinguent si particulièrement les œuvres de ce maître. Ces dessins en noir et en couleur étaient, dit-on, destinés à la décoration de cerfs-volants.

179. — Yori-masa tirant son sabre est devant l'ogre de O-yama qui, appuyé sur sa lourde masse, le regarde avec ses trois yeux ; cette planche et les suivantes sont en couleurs ;

180. — Yoshi-tsouné encore enfant et le roi des « tën-gou » ;

181. — Le prêtre guerrier To-sa Bo Sho-shioun brandit sa lance au-dessus de la tête de Bën-keï qui le regarde impassible ;

182. — Un personnage portant une armure roule des yeux furibonds et serre les poings. Devant lui, une sorte d'athlète à la moustache en croc le considère avec calme ;

183. — Le même personnage a l'air de menacer ici un homme portant un manteau de paille ;

184. — Un guerrier, peut-être Yori-masa, est auprès d'un adolescent portant une armure. Ce dernier dessin et les trois qui suivent sont au trait seulement ;

185. — Yori-masa encore dans son armure contemple la tête de l'ogre ;

186. — Yori-masa portant casque et cuirasse menace un personnage armé d'une barre de fer ;

187. — Momo-taro assommant à coups de poing un des diables bandits de O-yama.

SHA-RAKOU

(FIN DU XVIIIe SIÈCLE).

188. — Deux jeunes femmes armées, l'une de deux sabres et l'autre d'un seul, regardent attentivement vers la gauche.

Cette feuille dessinée pour l'illustration d'un drame, porte en bas, à droite, la signature Sha-rakou. En haut, du même côté, Toyo-kouni Ier, à qui a appartenu cette œuvre précieuse, a imprimé son cachet annulaire, comme pour en certifier l'authenticité.

ESTAMPES

INCONNU

189. Grande estampe en hauteur : la naissance de Bouddha. Les dieux descendent du ciel pour venir l'admirer ; des dragons lui versent l'eau des nuages sur la tête. Le roi, son père, se fait porter jusqu'à l'endroit où il est assis pieusement sur un lotus épanoui : tous les hommes, les animaux eux-mêmes, se réjouissent. A quelques pas de sa station première, on voit l'enfant prédestiné commencer sa prédication. Début du XVIIIe siècle.

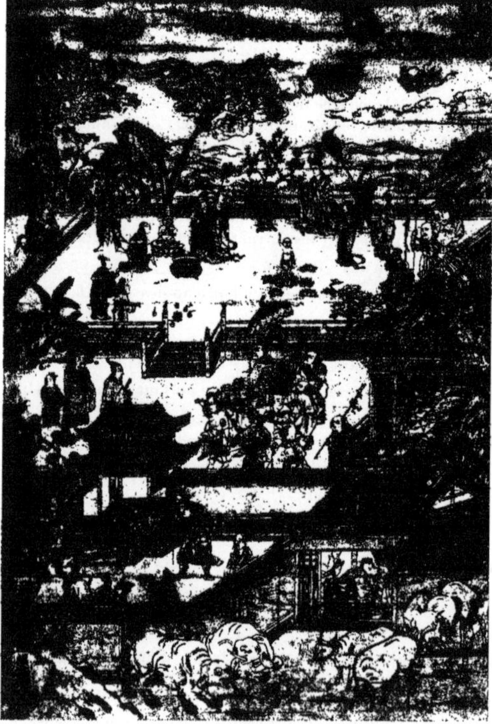

N° 189

Signé : Doyé-ki ?... Haut. : 0m,48 ; larg. : 0m,31.

HISHI-KAVA MORO-NOBOU

(1625—1695).

Cinq petites estampes. Impression noire par Moro-nobou. Non signé.

190. — Un samouraï quitte ses deux compagnons pour courir après son chapeau, que le vent emporte dans la rivière.

191. — Dans un riche intérieur, deux personnages assis se retournent vers une jeune femme portant une tasse.

192. — Jeunes femmes portant des coupes à « saké » sur des présentoirs.
193. — Quatre danseurs comiques exécutent un quadrille endiablé.
194. — Deux hommes traversent un pont sous l'averse.

TORI-I KYO-NOBOU

(1663 — 1729).

195. « Hoso-yé ». Impression en deux tons. Un personnage barbu, le chef couvert d'une sorte de béret, tient sa pipette de la main droite, l'autre est posée sur l'épaule d'un jeune homme, il roule des yeux furibonds à une jolie fille agenouillée devant lui. Signé : Tori-i Kyo-nobou.

196. — Estampe en deux tons (vert et rose). Deux personnages élèvent à bout de bras un char laqué. Devant eux un acteur dans un rôle de jeune femme exécute un pas de danse en tenant un sabre de la main gauche : tous trois vêtus de « kimono » décorés de sapin et de fleurs de prunier sont groupés de la façon la plus harmonieuse. Idem.

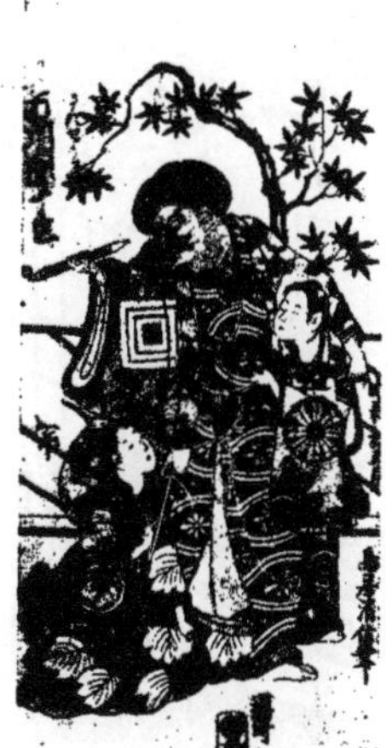

N° 195.

TORI-I KYO-MITSOU

(MILIEU DU XVIIIe SIÈCLE).

197. « Hoso-yé ». Un personnage, sorte d'Hercule au corps rouge vêtu d'un ample « kimono » tient un grand « koto » dressé devant lui comme un bouclier. Signé : Tori i Kyo-mitsou.

198. Grand format en hauteur. Kïn-toki foule aux pieds un gros ours noir pendant qu'il en brandit un autre plus petit au-dessus de sa tête. Idem.

Suite d'impressions en noir reproduisant des scènes empruntées à l'art théâtral de l'époque.

199. Format bas en largeur. Planches représentant une grande quantité d'acteurs dans leurs rôles; pièces curieuses par l'heureux arrangement et la diversité des types.

200. Grand format carré. Trois motifs : Personnage debout entre une jeune femme couchée et un autre assis sur le sol. — Enfant jouant du « koto » entre un homme et une femme. — Scène où figurent quatre hommes et quatre femmes.

OKOU-MOURA MASA-NOBOU

(DÉBUT DU XVIIIe SIÈCLE).

201. « Ouroushi-yé » (estampe laquée). A l'instar de la déesse Kwa-non souvent représentée ainsi, une charmante jeune femme tenant à la main un « makimono » déroulé, nous apparaît assise sur le dos d'un éléphant. Signé : Okou-moura Masa-nobou.

202. « Ouroushi-yé ». Une « djo-ro » en grande toilette se promène suivie de ses deux petites « kamouro ». Non signé.

TORI-I KYO-NAGA

(XVIIIe SIÈCLE).

203. Format bas en largeur. Impression en noir. Deux planches de figures d'acteurs dans leurs rôles respectifs, très harmonieusement groupés. Signé : Kyo-naga, daté 1re année de Kwan-seï (1789).

204. Grand format en hauteur. Assis près d'un petit ours noir Kïn-toki, tenant en main l'éventail des maîtres de lutte, préside un combat entre deux oiseaux bizarres sortes de « tën-gou ». Signé : Kyo-naga.

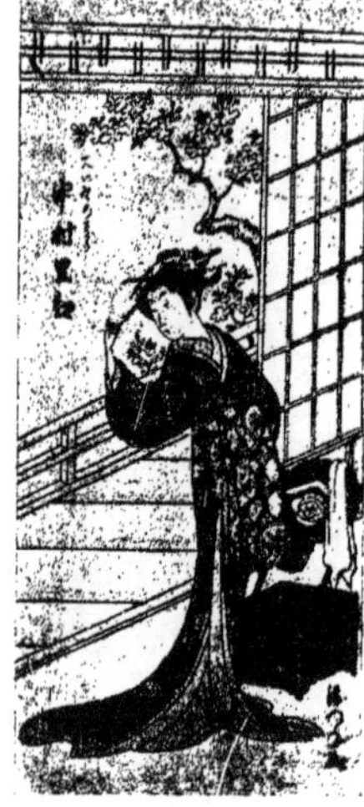

Nº 210.

205. — Jeunes femmes dans une barque. Idem.

206. Petit format en hauteur. Cinq enfants chinois sont occupés à peindre et à regarder des peintures. Idem.

207. — Dans une barque couverte voguant sur la Soumida, un jeune homme assis près d'une charmante femme relève le bas du kimono d'une autre beauté, debout à l'arrière de l'embarcation. Idem.

208. « Naga-yé ». Les espions. Par la chute d'un de ses « kanzashi » une jeune femme a interrompu la lecture d'un personnage placé à l'étage inférieur. Profitant de cette circonstance, un autre espion placé sous le liseur essaie à son tour de déchiffrer la lettre que celui-ci tient à la main. Non signé.

209. Petit format carré. Dans une barque aux stores relevés, on aperçoit trois jolies femmes en des attitudes charmantes. L'une médite, l'autre rince sa coupe dans le courant, la troisième s'occupe de la cuisine. Idem.

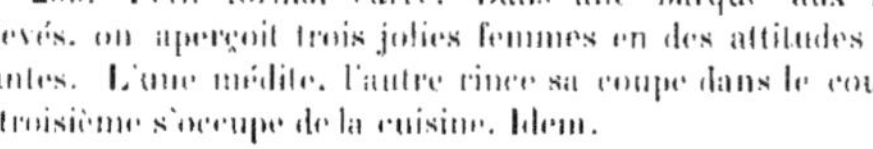

TORI-I KYO-TSOUNÉ

(XVIIIe SIÈCLE).

210. « Hoso-yé ». Dans une demeure dont la baie largement ouverte laisse apercevoir un arbre en fleurs, une jeune femme debout près de son miroir remet un de ses « kanzashi ». Gracieuse composition exécutée en tonalités très légères. Signé : Kyo-tsouné.

TORI-I KYO-MINÉ

(1re MOITIÉ DU XIXe SIÈCLE).

211. Estampe très grand format, représentant le fameux acteur Dan-jou-ro Ier dans un de ses rôles célèbres. Signé : Kyou-mitsou (cinquième Tori-i).

212. — Deux hercules se disputent vivement la possession d'un éléphant qui ne semble pas leur peser plus qu'un fêtu de paille. Une inscription placée à droite se lit : Exécuté par le cinquième Tori-i (Kyo-miné) d'après l'ancêtre Tori-i Kyo-nobou.

213. Grand format en hauteur. Accompagnées d'une petite « kamouro », quatre « djo-ro » s'avancent majestueusement. L'une d'elles porte un kimono décoré d'une carpe remontant un courant. Signé : Kyo-miné.

214. — Ayant plié son papier, une jolie femme l'humidifie avec sa langue, afin d'en détacher la partie composant la lettre qu'elle vient d'achever. Idem. Cette planche dont les traits sont imprimés en rose, rappelle certaines des meilleures estampes d'Outa-maro.

215. — Fraîchement vêtue d'un kimono bleu et blanc retenue par une ceinture rouge, une « ghésha » accorde son « shamisën ». Idem.

216. Grand « sourimono » décoré d'une langouste de taille naturelle, d'une tortue, d'un « mon », de fleurs, d'attributs divers et de poésies. Signé : Le cinquième Tori-i Kyo-mitsou.

217. Format bas en largeur. Scène de théâtre à quatre personnages, où figurent deux jolies femmes, un jeune seigneur et un homme très velu, d'aspect simiesque, une des incarnations du célèbre acteur Itchi-moura Ha-sa-yé-mon XIII. Signé : Kyo-mitsou.

HOSO-DA YEI-SHI

(FIN DU XVIIIe SIÈCLE).

218. « Naga-yé ». Une jeune femme se tient debout près d'un joli garçon assis sa pipette à la main. Signé : Tcho-boun.

219. — La barque des sept dieux du bonheur. Signé : Yeï-shi.

220. Format en hauteur. Deux jeunes femmes, l'une debout dans une barque tient un éventail, l'autre, sur le rivage, joue d'une flûte faite d'un roseau. Idem.

221. — Trois jolies « ghésha » sous une glycine où sont accrochées des lanternes : l'une accroupie joue du « shamisën », tandis que ses deux compagnes font des gestes gracieux. Idem.

222. — Près d'une cuve entourée de chrysanthèmes, trois jeunes femmes se tiennent en des poses charmantes. Idem.

223. — Une servante abrite sous un parasol une jolie femme à la coiffure fleurie et en grande toilette, une petite fille les accompagne. Idem.

224. Estampe en largeur. Une jolie femme écrivant se retourne pour regarder un jeune homme qui apparaît dans l'entrebâillement d'un « sho-dji » (porte mobile). Non signé.

YEI-SHO

(DÉBUT DU XIXe SIÈCLE).

225. « Naga-yé ». Derrière une jolie courtisane pensive, une jeune femme au costume rayé noir se tient debout près d'une porte mobile. Signé : Yeï-sho.

226. — Trois jeunes femmes en des attitudes diverses. Idem.

227. — Une jeune femme au kimono bleu décoré d'étoiles de mer est accroupie un écran à la main; derrière elle, sa compagne debout renoue sa ceinture. Non signé.

228. Grand format en hauteur. Une barque montée par trois jolies femmes suit le cours de la rivière où poussent de beaux iris. Signé : Yeï-sho.

229. — Jeune femme accroupie tenant une balle. Idem.

230. Petit format en hauteur. Deux jolies femmes en promenade. Idem.

YEÏ-TOKOU

(DÉBUT DU XIXe SIÈCLE).

231. Grand format en hauteur. Yé-bisou vient de déposer sa ligne au bout de laquelle se débat une dorade, et joue du « shamisën » à la grande joie de deux courtisanes et d'une petite « kamouro ». Signé : Tcho-yën-saï Yeï-tokou.

NISHI-MOURA SHIGHÉ-NAGA

(1re MOITIÉ DU XVIIIe SIÈCLE).

232. Petite estampe en hauteur. Pêcheurs dans leurs barques tirant leurs filets. Plus loin un petit kiosque construit dans les flots près du rivage. Non signé.

233. — Par une pluie battante, deux barques s'approchent du rivage, où se voit un pin énorme. Non signé.

234. Format en largeur. Vue de Shïn-zaki, planche de la série des beaux endroits de Yé-do. Des promeneurs suivent un chemin bordant un canal sillonné de barques. Non signé.

SOUZOU-KI HAROU-NOBOU.

(MORT EN 1770).

235. « Naga-yé ». Jeune homme revenant de la pêche avec un enfant qui tient une tortue. Signé : Harou-nobou. Estampe reproduite dans : B. A. J., n° 285.

236. Format en hauteur. Un jeune femme et une petite fille debout sur un balcon regardent le travail pénible des moissonneurs. Idem.

237. — Une jolie jeune femme allongée sur sa couchette semble rêver; dans la pièce voisine une autre beauté nettoie sa pipette avec un de ses « kanzashi ». Idem.

238. Petit format en hauteur. De beaux chrysanthèmes s'épanouissant dans une superbe jardinière. Non signé.

239. — Jeune beauté renouant sa ceinture. Idem.

240. — Assise à terre, une charmante « djo-ro » tourne vers la gauche son joli minois. Idem.

241. — Tout en relevant avec grâce ses frais kimono, une jolie femme ravive la flamme de sa lampe. Idem.

242. — Joliment drapée dans ses kimono rose et violet, une jeune femme accroupie lève la main droite.

KO-RIOU-SAÏ

(XVIIIe SIÈCLE).

243. Petit format très étroit en hauteur. Une jeune « ghé-sha » se livre à une danse animée. Signé : Ko-riou-saï. Estampe reproduite dans B. A. J., n° 309.

244. — Une jeune femme à demi devêtue accroche sa moustiquaire, sur le bord de laquelle un jeune chat joue à ses pieds. Signé : Ko-riou. B. A. J., n° 310.

245. — Un guerrier, armé d'un arc et de flèches, reçoit son casque des mains d'une jeune femme agenouillée à ses pieds. Idem. B. A. J., n° 311.

246. « Naga-yé ». Debout sous une vérandah une jeune femme lit un long « makimono ». Caché sous le parquet, un personnage barbu l'épie malicieusement : au premier étage un jeune seigneur lit une lettre. Signé : Ko-riou-saï.

247. — Les sept sages dans la forêt de bambous. Idem.

248. — Un jeune seigneur regardant une jolie femme à son balcon ne s'aperçoit pas qu'un espion lit une lettre à demi sortie de sa poche. Signé : Ko-riou.

249. Grand format en hauteur. Les sept dieux du bonheur réunis dans une nacelle à l'avant orné d'un dragon, s'en vont poussés par un bon vent qui gonfle la voile, sur laquelle se lit l'inscription signifiant bonheur. Signé : Gwa-ko Ko-riou-saï.

250. — Les sept sages dans la forêt de bambous consultent un « maki-mono ». Signé : Ho-kyo Ko-riou-saï.

251. Petit format en hauteur. Deux « ghésha », l'une jouant du « shamisën » et l'autre dansant. Signé : Ko-riou-saï.

252. — Deux perroquets perchés sur un arbre en fleurs. Idem.

KO-YÊN

(XVIIIe SIÈCLE).

Six petites estampes genre « souri-mono » représentant

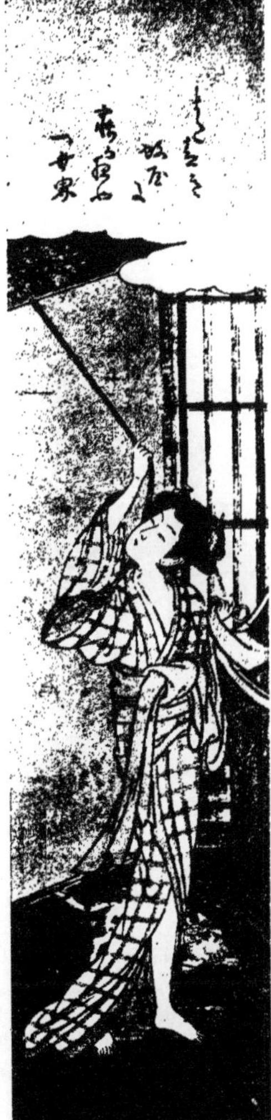

N° 244.

en de charmantes attitudes des jolies contemporaines de cet artiste qui fut probablement un des élèves de Ko-riou-saï. La première seule est signée : Ko-yën.

253. — *La coiffure.* Une servante lisse les cheveux de sa maîtresse assise devant son miroir : derrière elles un écran représentant une chèvre.

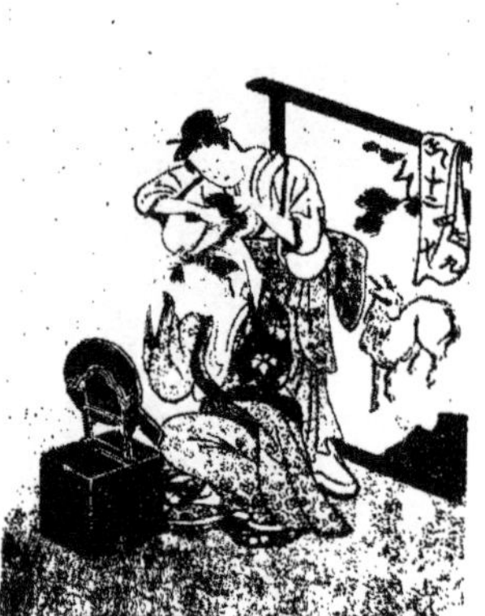

N° 253.

254. — *Le store.* Une jolie femme relève un store au travers duquel on aperçoit son gracieux visage.

255. — *La lettre.* Assise près de sa fenêtre une jeune femme lit une longue lettre.

256. — *Le kimono.* Jeune femme repliant avec soin un vêtement.

257. — *Le rideau.* Une jolie courtisane sort de derrière un rideau au bas duquel on aperçoit le bas du corps de deux autres jeunes personnes.

258. — *Le présent.* Tenant dans sa main un papier déplié, une jeune femme examine un présent.

KITA-O SHIGHÉ-MASA

(1739 — 1820).

259. Format en hauteur. Tamé-tomo debout sur le rivage tient devant lui un arc énorme qu'un petit « oni » essaie en vain de bander, un autre le regarde ébahi. Signé : Kita-ô Shighé-masa.

260. « Hoso-yé ». Un poète en costume de cérémonie est assis sur une sorte d'estrade, derrière lui se voient un « matsou » et un prunier fleuri. Idem.

KITA-O MASA YOSHI

(FIN DU XVIIIe SIÈCLE).

261. Format en largeur. Deux oiseaux sur un gros arbre à graines. Signé : Keï-saï.

262. — Oiseau roux se disposant à quitter un cerisier en fleurs. Idem.

263. — Vue d'un temple entièrement construit sur pilotis, derrière sont de hautes montagnes verdoyantes. Signé : Kita-ô Masa-yoshi.

264. Très grande estampe en largeur, dont le sujet est tiré de l'histoire des quarante-sept « ro-nïn ». Cortège de nobles passant devant une salle du palais, où les dames de la cour admirent un arbuste fleuri. « Ouki-yé ». Idem.

265. Format en hauteur. Guerrier chinois des âges anciens chevauchant par pays. Idem.

266. — Autre guerrier chinois à cheval brandissant une lance à double pointe. Au loin on aperçoit d'autres soldats. Idem.

267. — Un guerrier saute d'une barque dans laquelle sont deux personnages, l'un priant, l'autre brandissant un sabre. Idem.

268. — Deux hommes au corps rouge et velu luttent devant trois grands personnages assis sous un gros matsou. Idem.

269. — Lutte sous les murs du « shiro » de Yoshi-tsouné, entre le géant Bên-keï à pied, armé de sa terrible masse et To-sa Bo Sho-shioun à cheval, brandissant son sabre. Idem.

270. — Yori-masa et ses compagnons chez les diables-bandits de O-yama. La tête tranchée du chef des brigands retombe sur les héros. Idem.

271. — Taï-ra Tada-mori et « aboura bozou » (le bonze de l'huile). Vieille légende du XIIe siècle. Non signé.

OUTA-GAVA TOYO-HAROU

(1733 — 1813).

272. Très grande estampe en largeur. « Ouki-yé ». La fameuse chasse du mont Fouji. Signé : Outa-gava Toyo-harou. Larg. : $0^m,50$; haut. : $0^m,36$.

273. Format en largeur. Par une nuit étoilée des barques toutes remplies de soldats s'approchent du rivage où leurs adversaires les attendent. C'est le prélude de la grande bataille de Dan-no-oura, à Ya-shima, dans laquelle les Taï-ra furent complètement défaits par les Minamoto, commandés par Yoshi-tsouné. Signé : Outa-gava Toyo-harou.

274. — Vue du pont de Ryo-gokou et des environs un soir de fête. Idem.

275. — (Attribué à). Lors de la floraison des cerisiers, des gens se promènent autour du temple To-yeï-zan, à Oué-no.

OUTA-GAVA TOYO-HIRO

(FIN DU XVIIIe SIÈCLE).

276. Format bas en largeur. Une jeune femme ayant devant elle divers accessoires semble attendre les convives d'un « tcha-no-you » (réunion de thé) qu'elle va présider. Idem.

277. Format en hauteur. A l'entrée d'une grotte deux jolies promeneuses regardent un jeune pêcheur tenant d'une main sa ligne et de l'autre un crabe. Signé : Toyo-hiro.

278. — Impression noire. Chevaux sauvages s'ébattant joyeusement dans les flots et sur le rivage. Idem.

279. — Un trio de cigognes parmi les roseaux. Idem.

280. Petit triptyque. Le retour d'Eno-shima. Jeunes femmes suivies d'hommes portant un « nori-mono » ; surpris par la marée montante, sont obligés de se retrousser pour regagner le rivage. Signé : Toyo-hiro.

281. Petit diptyque. Les bacs. Des bacs à vide en croisent un plus grand dans lequel sont entassés des bateleurs et des aveugles qui se battent. Idem.

282. Grand format en largeur. Au coucher du soleil des jonques sont ancrées auprès de l'îlot de Tsoukou-da. Planche de la série des huit vues célèbres de Yé-do. Idem.

283. Petit format carré. Une jeune et jolie femme lave le long crâne du dieu Foukouro-kou-jiou penché au-dessus d'une sorte de « tub ». Idem.

OUTA-GAVA TOYO-KOUNI Ier

(1768-1825).

284. Pentaptyque : Un feu d'artifices sur la Soumi-da. Le fleuve aux rives pittoresques est sillonné de barques nombreuses, enguirlandées de lanternes et bondées de gens en fête. On rit, on cause, on fait beaucoup de musique. Les quais aussi regorgent de monde et le pont semble devoir crouler sous la foule excessive des spectateurs. Dans le ciel constellé éclate une fusée. Signé : Toyo-kouni.

285. Triptyque : Dans une « tcha-ya », sous les « matsou », des acteurs sont installés en compagnie de jolies femmes. Deux d'entre elles désignent du doigt un trio de renards mangeant des tranches de thon, que leur ont apportées des admirateurs du dieu Kitsouné (renard). Idem.

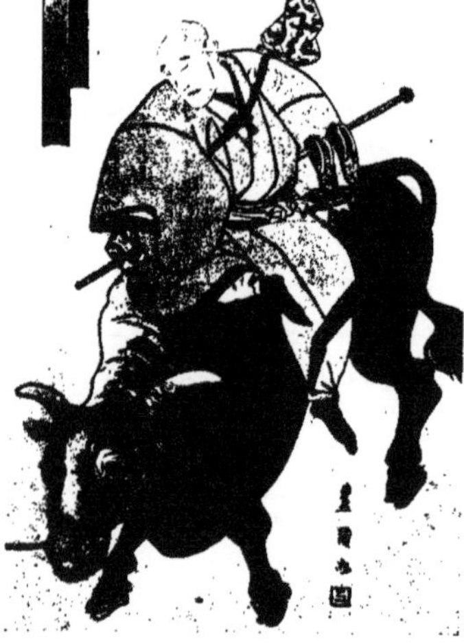

N° 288.

286. Diptyque en « hoso-yé ». Un personnage tient au-dessus de la tête d'une « djo-ro » en promenade un parasol garni de fleurs. Idem.

287. Format en hauteur. L'acteur Itchi-gava Yèn-z..ou-ro exécutant un pas de danse fort animé sous un arbre aux feuilles rouges. Idem.

288. — Un personnage aveugle sur un bœuf. Idem.

289. — Enveloppé dans ses blancs « kimono » et ses longs cheveux flottants, le fantôme d'une femme nous apparaît au milieu de langues de soufre et de feu. Idem.

290. — Buste d'acteur au nez proéminent, vu de trois quarts à gauche. Les mains enfouies sous ses kimono quadrillés brun et blanc, il porte au cou un foulard négligemment noué. Idem.

291. — Le visage émacié, le nez long et pointu, cet acteur dans un rôle de femme, est, comme le précédent, représenté en buste de trois quarts à gauche. Idem.

292. — Également présenté en buste, cet acteur dans un rôle de danseuse, porte un kimono décoré de plantes à fleurs jaunes. Idem.

293. — Une jeune femme menace de son sabre une mégère qui la brave. Non signé.

294. — Au-dessous d'un cerisier en fleurs, deux personnages sont accroupis aux pieds d'une femme au vêtement blanc décorés de chrysanthèmes bleus et roses. Signé : Toyokouni.

295. — Debout derrière un personnage somptueusement vêtu, une jeune femme tient une boule précieuse posée sur un morceau de tissu. Idem.

296. — Deux figures d'acteurs, à mi-corps. L'un représentant un grand seigneur portant une boite sur un plateau, se retourne vers une femme au kimono décoré de feuilles de lierre. Idem.

297. — Un personnage au costume vert rayé de blanc, la tête couverte d'un bonnet bleu, tire la langue à une jeune femme pelotonnée dans son kimono violet. Idem.

298. — Son éventail à la main, un daï-myo, vêtu de kimono décorés de chrysanthèmes, regarde avec calme un personnage qui s'apprête à couper le cou à un renard. Idem.

299. — Sous un immense parapluie, un homme ramenant sur lui une natte de paille, abrite une jeune femme au kimono violet décoré de fleurs de cerisier. Idem.

300. — Sur une terrasse, d'où l'on voit un fleuve et des gens qui passent un pont, une jeune femme, portant une bouilloire, fait des recommandations à sa compagne. Idem.

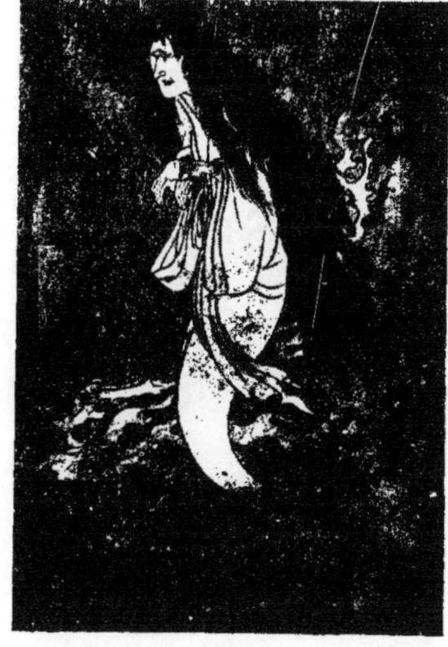

N° 289.

301. — Une courtisane se promène entre deux jolis acteurs (les décors des kimono sont imprimés dans une admirable gamme de verts tendres). Idem.

302. — Harmonieusement drapée dans ses kimono roses et verts ornés de chrysanthèmes, une « djo-ro » debout contemple un homme à la mine perplexe. Idem.

303. — Madame Chrysanthème?.... Appuyée sur sa longue canne, une jeune femme est arrêtée pensive devant de merveilleux plants de chrysanthèmes. Les « kimono » de la jolie promeneuse sont également décorés de fleurs de chrysanthèmes. Idem.

304. — Portant sur son kimono rose un manteau brun décoré de feuilles, une jeune femme serre nerveusement une flèche acérée, devant elle un « samouraï », le genou en terre, tient un arc. Idem.

305. — Sortant des plis d'une moustiquaire qu'une femme retire de la rivière où elle est venue la rincer, le fantôme d'un homme tout de blanc vêtu s'élève au-dessus de la tête de celle-ci. Idem.

306. — Présentée sous l'aspect d'une courtisane, la déesse O-to-himé, vêtue de kimono ornés de chrysanthèmes et de feuilles d'érable, tenant sa « biwa » enfermée dans un étui de soie, regarde le pêcheur Oura-shima Ta-ro emportant son précieux coffret (1). Idem.

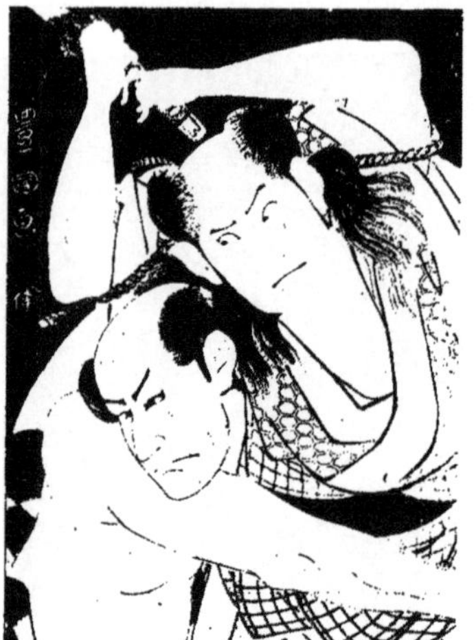

N° 308.

307. — Une jeune paysanne au kimono blanc et violet, joliment décoré est montée sur un cheval conduit par la bride. Idem.

308. — Un homme à demi-nu étreint fortement un autre homme armé d'un sabre. Idem.

309. — Le sabre à la main et portant sur le dos un énorme poisson, un personnage surgit des flots. Idem.

310. — Vêtue d'un kimono noir brillant, orné d'un semis de fleurs imprimé en noir mat, et rehaussé d'un décor de branchettes de pin vert et brun, une horrible mégère plonge son sabre dans le corps d'une jeune fille qu'elle tient sur son bras gauche. Idem.

311. — Auprès d'une pierre portant un Bouddha sculpté, un homme tend une coquille de « awa-bi » à un renard qui va lui verser à boire. Idem.

312. — Une ceinture rose largement nouée sur son kimono violet décoré de fleurs de cerisier, une jolie « djo-ro » s'avance à travers champs. Elle tient un morceau de toile blanche qu'elle mordille en marchant. Idem.

313. — Une jolie femme exécute un pas de danse sur un pont de pierre bordé d'arbres en fleurs. Un chapeau garni d'une fleur de camélia est posé sur la luxuriante chevelure rouge de la danseuse. Idem.

314. — Vêtue d'un kimono brun quadrillé de jaune, une femme debout se retourne vers une autre accroupie. Idem.

315. — Deux jolies femmes se regardant sans enthousiasme sont agenouillées devant un « daï-mio » en grand costume de cérémonie. Idem.

(1) Lire dans « Biographies d'Artistes Japonais », tome Ier, page 71, note 1, la légende de Oura-shima Ta-ro.

316. — Une « ghésha » accompagnée d'un joli jeune homme portant une longue boite noire. Idem.

317. — Tout en se grattant le bras avec perplexité, un personnage debout se retourne vers un guerrier accroupi devant lui ; ce dernier porte sur son armure un vêtement de fourrure dont l'exécution est remarquable. Idem.

318. — Près de sa compagne qui achève son repas, une jeune femme est debout devant une porte mobile décorée d'un gros bambou. Une bande de fourrure nouée sur sa ceinture rappelle la facture de la planche précédente. Idem.

319. — Un acteur dans un rôle de « djo-ro », richement vêtu, est accroupi devant un personnage ayant la tête enveloppée d'un linge. Idem.

320. — Un personnage à kimono vert, ayant un sabre à la main, se tient auprès d'une jeune femme debout dont le costume rose est décoré de « kiri ». Idem.

321. — Un trio de danseuses : la première tient une coupe à « saké », la seconde une théière, la troisième un rateau. Idem.

322. — Exécutée dans la manière de Sha-rakou, cette planche représente un gros personnage la main appuyée sur son sabre, qui se tient debout derrière un homme accroupi. Idem.

323. — Deux hommes : l'un accroupi porte un kimono noir, l'autre debout vêtu de kimono jaunes tient une lanterne. Idem.

324. — Un acteur dans un rôle de gracieuse jeune femme portant une ceinture noire sur un kimono violet. Idem.

325. — Deux acteurs. L'un vêtu de « kimono » jaunes et roses se tient un genou en terre, l'autre debout porte un vêtement vert bleu qui se détache vigoureusement du fond noir. Idem.

326. — Un gros « samouraï » dont le visage offre certaine ressemblance avec celui du roi Louis seizième, se présente avec bonhomie. Planche signée : Itchi-yo-saï Toyo-kouni.

327. — Un acteur dans un rôle de grand seigneur regarde avec attendrissement une jeune femme accroupie devant lui. Signé : Toyo-kouni.

328. — Une femme, les cheveux flottants, menace de son sabre une jeune fille qui se garantit avec son parapluie ; le vêtement de cette dernière, rose et bleu, est d'une coupe fort originale. Idem.

329. — Deux lutteurs aux prises. Idem.

330. — Deux femmes luttent avec des sabres de bois. Idem.

331. — Une jeune femme tenant une gerbe de narcisses debout derrière un homme accroupi. Idem.

332. — Devant un personnage portant un kimono vert un lutteur semble attendre son adversaire. Idem.

333. Petit format en hauteur. Un jeune homme joue du « shamisën » auprès de deux jolies femmes. Idem.

334. — Deux courtisanes accompagnées de « kamouro », se promènent dans un jardin au temps que les cerisiers fleurissent. Idem.

335. Souri-mono en hauteur. Un personnage vêtu de kimono roses a l'air de tomber du ciel. Idem.

336. Grand format en largeur. Vue au printemps du temple To-yeï-zan à Yé-do, de nombreux promeneurs circulent dans le parc. « Ouki-yé ». Signé : Toyo-kouni.

337. — Un homme assis à terre près d'une jeune femme cause avec une autre femme qui se tient debout près de ballots de marchandises. Idem.

338. — De l'intérieur d'une maison de paysans où se tiennent plusieurs personnes, on aperçoit au loin deux « ro-nin » en faction au bord d'une rizière. « Ouki-yé ». Idem.

339. — Asa-no, venant de surprendre le prince Ki-ra auprès de sa femme, tire son sabre pour tuer l'insolent ; il en est empêché par un jeune seigneur. Idem.

340. Hoso-yé. Un acteur en femme vêtu d'un kimono vert orné d'éventails retenu par une large ceinture noire. Idem.

341. — Un gros « samouraï », un éventail à la main, regarde avec attention. Idem.

342. — Une jeune femme vêtue d'un kimono décoré de fleurs de chrysanthèmes est arrêtée devant une muraille. Idem.

343. — Une jeune femme à la robe ornée de plantes fleuries tient à la main un coffret en laque noir. Idem.

344. — Un acteur vêtu du large pantalon nommé « hakama » et d'un kimono dont les longues manches sont décorées d'un cerf et d'une biche. Idem.

345. — Coiffé de larges bandeaux qui donnent à sa physionomie un caractère tout particulier, un acteur dans un rôle de femme s'avance son chapeau à la main. Idem.

346. — Son kimono noir largement retroussé, un personnage semble se garantir avec son parapluie ouvert. Idem.

OUTA-GAVA KOUNI-MASA

(FIN DU XVIIIe SIÈCLE).

347. Grand format en hauteur. Une jeune femme vêtue d'un « kimono » noir est agenouillée devant un personnage roulant des yeux terribles tout en se grattant la saignée du bras. Signé : Kouni-masa.

348. — Vêtue d'un « kimono » rouge brique à rayures jaunes, les mains croisées sur la poitrine, un acteur représenté en buste montre une mine perplexe. Idem.

349. — Cette planche, d'un puissant effet décoratif, représente deux acteurs. L'un debout porte un manteau clair qui se détache vigoureusement du ciel noir, l'autre un genou en terre, étant

par contraste vêtu de noir, s'enlève lui aussi sur le fond vert jaunâtre du terrain. Les réserves blanches ménagées dans le costume de ce dernier, les jeux de physionomie si expressifs des deux personnages donnent à cette estampe une grande originalité. Idem.

350. — Deux acteurs, un « daï-mïo » en grand costume tenant son sabre par le fourreau est debout près d'une jeune femme accroupie. Idem.

351. — Une jeune femme en costume de voyage et un homme portant sur son dos une sorte d'armoire, s'avancent sous la neige. Idem.

352. — Écran. Au-dessous d'un cerisier fleuri, auprès duquel est suspendue une cloche, se tiennent trois acteurs, celui du milieu dans un rôle de femme. Signé : Kouni-masa.

353. — Un homme tenant une bannière, entre une jeune femme et un vieillard. Idem.

354. — Six portraits d'acteurs : Trois en femmes, trois en hommes.

355. — Un homme se tient contre une muraille le sabre à la main. Idem.

356. Format très étroit en hauteur. Acteur en buste. Tisonnant d'une main son « hibashi » (brasero), et tenant de l'autre une coupe à « saké », une jeune femme tourne la tête à droite. Idem.

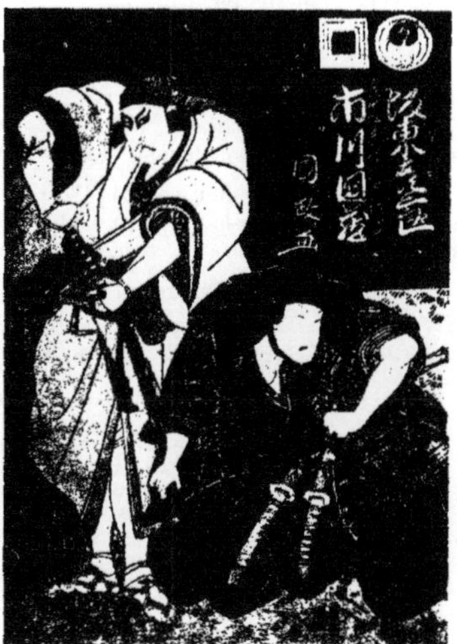

N° 349.

357. — Jeune femme, vue de trois quarts à droite, tenant une coupe à « saké ». Idem.

KOUNI-NAGA

(FIN DU XVIIIe SIÈCLE).

358. Estampe en largeur du genre « Ouki-yé ». Des Hollandais sont attablés dans une riche demeure dont les baies largement ouvertes laissent voir les arbres du jardin ; d'autres étrangers vont et viennent par la maison. Idem.

359. — Un tablier de lutteur est étalé sur une table près d'une branche fleurie de chrysanthèmes roses. Idem.

360. Triptyque. Les huit « sën-nïn » représentés par des jolies femmes vêtues à la mode de l'époque. Signé : Kouni-naga.

361. — De jolies « ghé-sha » réunies dans un établissement au bord d'une rivière sillonnée de barques, se distraient en compagnie de jeunes gens dont l'un, debout, tient une sorte d'harmonica. Idem.

362. Petit format en hauteur. Un œillet et une branche fleurie dans un gracieux porte-bouquet en vannerie. Idem.

KOUNI-TORA

(1re MOITIÉ DU XIXe SIÈCLE).

363. Format en largeur. Des courtisanes dans une « tcha-ya » entourée de « matsou » regardent venir un jeune homme et deux femmes. Signé : Kouni-tora.

364. — Une des huit vues de O-mi. Traitée d'une façon toute particulière rappelant la manière de Shi-ba Ko-kan, cette estampe nous montre l'entrée d'un temple et diverses constructions dans une vallée où coule une rivière presque à sec. Idem.

365. — Deux papillons volent au-dessus de plants de pivoines aux fleurs roses, blanches et rouges. Idem.

KOUNI-YASOU. KOUNI-MAROU. KOUNI-HIRO

(1re MOITIÉ DU XIXe SIÈCLE).

366. Grand format en largeur. Nombreuse assistance se rendant au temple Tên-mangou, à Kaméi-do. Estampe genre « Ouki-yé ». Signé : Outa-gava Kouni-yasou.

367. Petit format en hauteur. Au début de l'orage, trois personnes et un chien fuient à toutes jambes. Idem.

368. Grand format en largeur. Promeneurs se rendant à un temple construit dans une petite île. Signé : Outa-gava Kouni-marou.

369. Grand format en hauteur. Personnage portant une boite suspendue à son cou. Signé : Kouni-hiro.

KOUNI-SADA

(1786 — 1865).

370. Triptyque. L'intérieur d'une maison verte. Signé : Kouni-sada.

371. Grand format en hauteur. Buste d'acteur en costume de guerrier, sur fond micacé. Signé : Go-to-teï Kouni-sada.

372. — Autre buste d'acteur portant un « kimono » bleu et un foulard blanc noué autour du cou ; fond micacé. Idem.

373. — Un énorme dragon sur les flots porte Bouddha ainsi qu'une courtisane et sa petite kamouro. Idem.

374. Format en largeur. Trois bonzes suivis de domestiques et de nombreux promeneurs se dirigent vers un temple de Yé-do. Planche d'un caractère très particulier. Signé : Itchi-yo-saï Kouni-sada.

375. — Une jeune femme suivie d'un domestique se dirige vers une « tcha-ya » où est déjà un homme en compagnie d'une « ghé-sha » jouant du « shamisën ».

376. — Deux jeunes femmes se promènent près du temple Tĕn-man-gou à Kameï-do, un des endroits célèbres de Yé-do. Signé : Kouni-sada. Cette estampe est du genre « aboura yé, » c'est-à-dire imitant la peinture à l'huile.

377. Ce très grand « souri-mono » nous montre le portrait d'un acteur célèbre exécuté sur le fond d'un miroir, mis en valeur par une branche de pivoine. Le portrait est signé : Go-to-teï Toyo-kouni et la pivoine : Hok-keï.

378. « Souri-mono » carré. Un personnage au visage peint orné de beaux favoris blancs porte sur l'épaule une hache énorme. Signé : Go-to-teï Kouni-sada.

379. — Guerrier sur un toit par un orage épouvantable. Idem.

380. — Personnage au bonnet rouge tenant à la main une coupe remplie de « saké ». Signé : Ko-tchoro Kouni-sada.

381. — Une danseuse somptueusement vêtue se cache en partie le visage de son large éventail. Idem.

NAGA-MOUNÉ

(DÉBUT DU XIXe SIÈCLE).

382. « Hoso-yé ». Kĭn-ta-ro ayant terrassé un tĕn-gou, va l'écraser sous un quartier de roche qu'il tient à bout de bras. Signé : Outa-gava Naga-mouné.

NAGA-HIDÉ

(DÉBUT DU XIXe SIÈCLE).

383. « Hoso-yé ». Une grande dame vêtue à l'européenne se retourne vers un bambin aux cheveux bouclés. Signé : Naga-hidé.

384. — Joueuse de « shamisĕn ». Idem.

385. — Joueuse de taï-ko. Idem.

KOUNI-YOSHI

(1797 — 1861).

386. Triptyque. Yoshi-tsouné et les « tĕn-gou ». D'après la légende, Yoshi-tsouné, dont l'habileté à manier le sabre était merveilleuse, aurait appris cet art chez les « tĕn-gou ». Ici nous voyons le roi de ces génies sylvains assis dans la forêt sombre. Autour de lui ces hommes au corps d'oiseau s'agitent en tous sens, ne pouvant atteindre le jeune prince qui les évite avec souplesse, tout en leur portant de grands coups qui les déconcertent. Signé : Kouni-yoshi.

387. — Par une mer démontée, un poisson monstrueux émerge des flots ayant sur le dos un personnage tenant un jeune enfant. Près du monstre, seul dans une barque, Tamé-tomo qui s'apprête à faire le « hara-kiri » est assailli par une multitude de « tĕn-gou » s'efforçant d'arrêter son geste. Idem.

388. — Vue de la célèbre cataracte de Ryo-bën à O-yama, dans les eaux de laquelle grouille une foule pressée de baigneurs enthousiastes. Idem. Cette composition, exécutée en 1818, ainsi que celle représentant le fantôme de Taï-ra Tomo-mori fut, suivant les auteurs japonais, le point de départ de la grande notoriété de l'artiste.

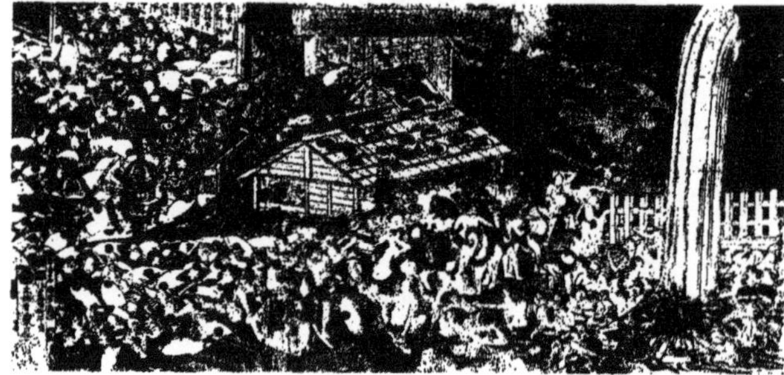

N° 388.

389. Format en largeur. Un homme dans une barque près de rochers abrupts, des interstices de l'un d'eux sort un gros crabe, sur le sol se voit également un autre crustacé. Idem.

390. — Le bonze Nitchi-rën et ses compagnons, en barque, voient une inscription miraculeuse apparaître dans les flots soulevés par la tempête. Idem.

391. — Un voleur menace de son sabre un malheureux voyageur qui lui demande grâce. Scène des fidèles « ro-nïn ». Signé : Itchi-you-saï Kouni-yoshi avec un cachet en forme de grenouille.

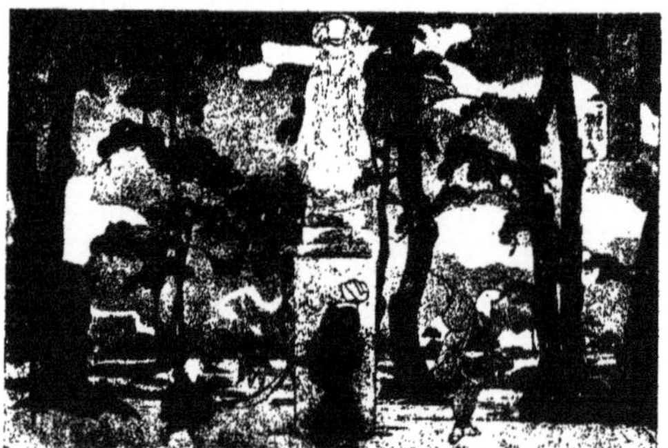

N° 394.

392. — Vers la fin du jour, deux « ro-nïn » se présentent à la porte d'une maison rustique, un homme et une femme les accueillent avec surprise. Signé : Kouni-yoshi.

393. — Une grande dame en voyage passe avec ses porteurs sur une route au bord de la mer en vue du mont Fouji. Idem.

394. — Des gens du peuple regardent la statue d'un personnage religieux se dressant sur un haut piédestal au milieu des « matsou ». Idem.

395. Grand « souri-mono » représentant les attributs de la fête « Tan-go ». Grande carpe flottant au vent et bannière décorée d'un Sho-ki peint en rouge. Idem.

396. Estampe en hauteur représentant un buste de personnage, dont la tête et les mains sont formées par la juxtaposition de plusieurs corps humains nus ou habillés. Idem

397. — La nuit sous la pluie battante, un vieillard suivant le rivage passe près d'un gros « matsou ». Idem.

Cette planche et les deux suivantes font partie des cent poésies célèbres, illustrées par Kouni-yoshi.

398. — Un prince et ses serviteurs s'avancent sous la neige.

399. — Près d'une « tcha-ya », en pleine campagne, un homme recueille dans une pelle des pousses de sapin.

400. Format octogonal. Un noble guerrier regarde du rivage une jeune femme debout sur les flots. Idem.

401. — Au clair de lune un homme portant un enfant voit apparaître un fantôme de femme près d'un gros « matsou ». Idem.

To-shi ni jiou shi ko (vingt-quatre exemples de vertus chinoises). Estampes traitées à la façon des « aboura yé », c'est-à-dire imitant la peinture à l'huile. Six planches, pet. format en hauteur, choisies dans la série ; signées Itchi-yo-saï Kouni-yoshi.

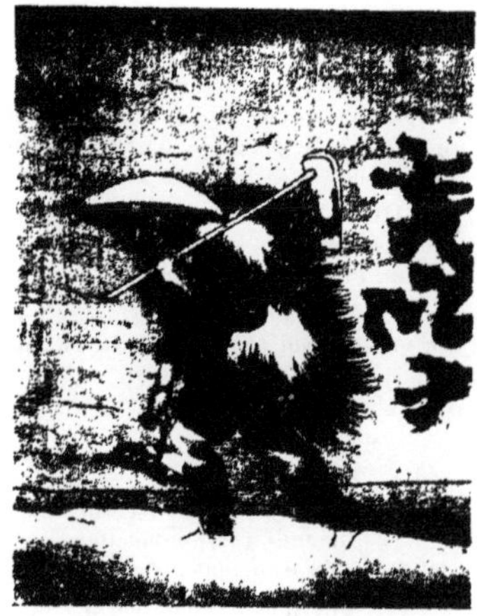

N° 402.

402. — Un pauvre paysan venant de déterrer des pousses de bambou pour nourrir les siens, chemine péniblement sous la neige.

403. — Une femme, le buste nu, penchée sur un rocher regarde un gros poisson sortant de l'onde.

404. — Un cavalier monté sur un cheval fougueux galopant à travers monts.

405. — Une femme assise près d'un magnifique paon regarde les ébats de deux bambins.

406. — Un homme pliant sous le poids de lourds sacs, qu'il porte sur le dos, suit un chemin bordé de précipices.

407. — Au bord du rivage, un homme, la tête enveloppée d'un morceau d'étoffe jaune, a l'air de courir après une femme s'élevant dans les airs.

YOSHI-TOYO

(PREMIÈRE MOITIÉ DU XIXe SIÈCLE).

408. Grand format en hauteur. Un domestique chinois tient un enfant qui se cramponne aux vêtements de sa mère, une Américaine bizarrement accoutrée. Signé : Itchi-riou-saï Yoshi-toyo.

YOSHI-IKOU

(PREMIÈRE MOITIÉ DU XIXe SIÈCLE)

409. Grand format en hauteur. Un Hollandais et une Française en conversation sur une terrasse au bord de la mer. Signé : Yoshi-ikou.

Deux estampes grand format en hauteur, exécutées d'après la manière européenne, signées Yoshi-ikou.

410. — Près de la mer une jeune femme blonde, portant un costume du temps de Louis-Philippe, manches à gigot, chaussures à la poulaine, etc... se promène en compagnie d'un petit garçon. Plus loin un cavalier.

411. — Un beau coup de fusil. Un Européen grimpé sur un rocher tire un coup de fusil sur un singe qui s'enfuit. En bas, un autre chasseur et un docte personnage admirent ce haut fait.

YOSHI-MAROU

(PREMIÈRE MOITIÉ DU XIXe SIÈCLE).

412. Grand format en largeur. Vue de la salle bondée de spectateurs d'un grand théâtre de Yé-do durant une représentation. Curieuse planche donnant une impression exacte sur l'architecture et l'arrangement intérieurs d'une salle de spectacle au Japon. Idem.

413. Diptyque grand format. Les dieux joyeux Yé-bisou et Daï-kokou essaient de réduire une énorme dorade rose qui frétille désespérément. Signé : Yoshi-marou.

KAVA-NABÉ KYO-SAÏ

(1831 — 1889).

414. Deux petites estampes carrées. L'une, impression en bleu avec réserves blanches représente un chasseur fuyant devant un renard qui l'ajuste du haut d'un arbre. L'autre, nous montre un homme venant de laquer un pot représentant Dharma, il se sauve en apercevant ce dernier qui, las sans doute d'avoir les jambes et les bras comprimés, brise son enveloppe en étirant ses membres. Signé : Sho-jo Kyo-saï.

415. Petite estampe étroite et haute. Un gamin, à l'aide d'un filet fixé à un long bambou, va attraper une cigale, son petit frère le regarde.

416. Estampe grand format en hauteur. Tenant un petit « oni » d'une main et de l'autre son terrible glaive, Sho-ki se dispose à pourfendre un autre « oni » suppliant. Signé : Kyo-saï.

417. — Dessins bizarres formés à l'aide de cordelières. Idem.

418. Estampe en largeur. Sho-ki en train d'affûter son grand sabre sur un rocher, un « oni » s'enfuit à toutes jambes en apercevant le terrible personnage. Non signé.

KIKOU-GAVA YEÏ-ZAN

(DÉBUT DU XIXe SIÈCLE).

419. Pentaptyque. Un cortège de jolies femmes suit le rivage en vue de l'île E-no-shima. Signé : Kikou-gava Yeï-zan.

420. *Triptyque*. Des barques illuminées où se voient des jolies femmes en compagnie de jeunes gens circulent sur la rivière, près du pont de Ryo-gokou envahi par la foule regardant le feu d'artifices. Idem.

421. Grand format en hauteur. Un gamin, l'air espiègle, regarde trois jeunes femmes pétrissant du « motchi » (pâte de riz). Non signé.

422. — Portrait d'une jeune beauté. En haut, vue du pont Ryo-gokou, sur la Soumi-da. Signé : Yeï-zan.

423. — Une jolie femme accroche une poésie (outa) à la branche fleurie d'un vieux cerisier : près d'elle se tiennent deux jeunes filles. Idem.

424. — Une jeune femme, sa lanterne à la main, se dirige vers une barque amarrée au bord de la rivière. Idem.

425. — Une jeune femme dont le vêtement entr'ouvert laisse apercevoir le bas de la jambe se regarde dans un miroir qu'elle tient à la main. Idem.

426. — Vêtue d'un kimono violet retenu par une large ceinture noire, une jolie « ghésha » rajuste sa coiffure. Idem.

427. — Une « ghésha », en costume vert, se promène en relevant ses vêtements d'un geste gracieux. Idem.

428. — Deux jeunes femmes coupent et emportent des feuilles de mûrier destinées à l'élevage des vers à soie. Idem.

429. — Une belle courtisane sortant de sa chambre. Idem.

430. — La tête couverte d'un linge blanc une jeune fille, sa lanterne à la main, s'avance en relevant ses jolis kimono.

431. — Une vaste ceinture rose décorée d'un dragon retenant son kimono violet et blanc, une charmante « djo-ro » lit un roman. Idem.

432. — Une « ghésha » au riche costume serre la main d'une de ses amies dont on aperçoit la gracieuse silhouette à travers les carreaux de papier d'une porte mobile. Idem.

433. — Jeune femme debout portant une théière auprès d'une autre accroupie lisant une lettre à la lueur d'une lanterne. Idem.

434. — Jeune femme accroupie tenant un enfant sur le dos. Idem.

435. Format kakémono. Faucon perché sur un « matsou ». Idem.

436. Grand format en largeur. Par une pluie battante deux jeunes filles suivies d'un gamin cheminent sous un parapluie, elles croisent deux hommes dont l'un a mis un sac de paille sur sa tête. Signé : Yeï-zan.

437. — Une servante apporte une tasse de thé à une jeune femme assise en face de sa compagne debout près d'un cerisier en fleurs. Idem.

438. — A l'abri d'un vieux cerisier en fleurs, plusieurs jeunes femmes sont assises en compagnie d'un « samouraï », deux d'entre elles attachent des poésies aux branches de l'arbre. Idem.

439. — Par un temps de neige, deux jeunes femmes et un homme chargé d'un paquet attendent l'arrivée d'un bac. Idem.

440. — La poétesse Ko-matchi assise près d'un torrent médite au clair de lune. Idem.

441. Petit format en hauteur. Par un temps de neige, une jolie « djo-ro », suivie de deux petits chiens, chemine le long de la rivière. Non signé.

442. — Une belle courtisane lit une longue lettre à la clarté de la pleine lune. Idem.

YEI-RI

(PREMIÈRE MOITIÉ DU XIXe SIÈCLE).

443. Grand format en largeur. « Ouki-yé ». Vue à Yé-do du pont Ni-hon bashi et de la rue O-da-hara tcho où se tiennent les marchands de poissons en gros. Une foule nombreuse et variée anime cette intéressante planche. Signé : Yeï-ri.

KEI-SAI YEI-SEN

(1791-1848).

Grand format en largeur. Huit planches choisies dans la série du Ki-so kaï-do que Keï-saï Yeï-sèn fit en collaboration avec Hiro-shighé.

444. — Le pont Ni-hon bashi sillonné de portefaix, poissonniers et bourgeois, nous apparaît, ainsi que le quartier, sous une couche de neige par un beau coucher de soleil. Cette estampe et les sept qui suivent ne sont point signées.

445. — Fouka-ya. Un groupe de cinq jolies femmes passe devant une auberge. Plus loin se profilent les ombres d'un masseur, de six autres personnages et d'un chien.

446. — Ita-hana. Au coucher du soleil, des voyageurs tout couverts de neige suivent un chemin bordé de « matsou » conduisant au village, où l'on accède par un petit pont jeté sur un cours d'eau.

447. — Koutsou-kaké. Au soleil couchant, les arbres sont violemment secoués par la rafale. Sur la route, un homme conduit par la bride deux bœufs chargés de caisses.

448. — Shiwo-jiri. Un voyageur à cheval et son guide débouchant d'un chemin de montagne voient devant eux un lac gelé sur lequel des gens circulent. Au loin le mont Fouji.

449. — Ita-bashi. Vue au soleil couchant de la principale rue du village où se croisent de nombreux voyageurs.

450. — Un bac où sont entassés des voyageurs et un cheval traverse une rivière d'où s'envolent deux cigognes.

451. — Col de Tori-i à Ougo-hara. Deux voyageurs se reposent sur le bord de la route, derrière eux, près d'une source, deux paysannes portent des fagots.

452. Grand format en largeur. Par une pluie battante des gens suivent un chemin conduisant au Yoshi hara. Cette planche et la suivante font partie de la série des huit vues de Yé-do. Signé : Keï-saï Yeï-sën.

453. — Les rives de la Soumi-da. Idem.

454. — Des barques chargées de marchandises sillonnent la rivière à l'endroit nommé Shiba-oura. Idem.

455. — Un paysan et ses enfants conduisent par la bride deux fringants chevaux. Au loin le soleil se couche sur un charmant paysage. Idem.

Grand format en hauteur. Deux estampes de la série des vues célèbres dans les montagnes de Ni-ko.

456. — Les eaux d'une cascade tombant du haut d'une montagne en passant au-dessus d'un chemin vont tomber au fond d'un abîme près de deux touristes. Idem.

457. — Une cascade dévalant du haut des montagnes va former un torrent qui passe près d'un temple perdu au milieu des « matsou ». Idem.

458. — Portrait d'une jeune femme représentée en buste. Idem.

459. Une estampe étroite et haute : Un équilibriste. Non signé.

460. Petit format en hauteur. Insecte posé sur la feuille d'une plante à fleurs jaunes. Non signé.

461. — Iris en fleur. Idem.

462. — Oiseau perché à l'extrémité d'un rocher où pousse un camélia.

463. Petite estampe carrée : Tortues nageant dans un cours d'eau. Signé : Keï-saï.

464. Format en largeur. Deux canards volent devant la pleine lune, un troisième plus bas va les rejoindre. Idem.

465. — Trois bateaux couverts amarrés au bas d'un chemin conduisant à un temple. Non signé.

466. — Une dorade auprès d'une plante à fleurs violettes. Signé : Yeï-sën.

467. — Un homme conduisant une barque dans un cours d'eau près d'un village. Signé : Keï-saï.

HIRO-SHIGHE
(1792-1858).

468. Trois planches grand format en largeur formant triptyque. Un cortège de jolies femmes traversant la rivière O-i gava sur le dos de vigoureux porteurs. Signé : Hiro-shighé.

469. Triptyque. Au temps que les cerisiers fleurissent, de nombreux promeneurs suivent les rivages de la rivière Tama-gava. Idem.

470. — Le pèlerinage à I-sé. Sur la plage six jeunes femmes devisent joyeusement en se rendant au lieu saint. Idem.

471. — La foule se presse devant l'un des principaux théâtres de Yé-do. Idem.

472. — Nombreuses sociétés de jeunes femmes se rendant en procession à l'île de Eno-shima le jour où la statue de Bën-tën-sama est visible pour le public. Idem.

473. — Vue de Soumi-da dans un faubourg de Yé-do. Coucher de soleil par un temps de neige. Signé : Hiro-shighé.

474. — Processions de jeunes femmes et fillettes divisées en groupe ayant des parasols de couleurs différentes, visitant les cerisiers en fleurs de la montagne d'Asou-ga. Idem.

475. — Cette composition nous montre un coin d'une ville d'Amérique, c'est du moins ce que dit une inscription placée au centre du triptyque, mais il semble bien que l'artiste s'inspira plutôt d'un dessin reproduisant quelque vue de Hollande. Les nombreux promeneurs que nous voyons portent des costumes qui étaient à la mode vers 1860. Idem.

476. — Grand format en hauteur. La pleine lune projette ses rayons blafards sur la pièce d'eau d'un parc où se voient deux grosses lanternes de pierre (« to-ro »). Idem.

477. — Charmante habitation construite au milieu d'une pièce d'eau bordée d'un parc où sont des arbres tout en fleurs. Idem.

478. — Pêcheuses et promeneurs dans les rochers à Eno-shima. Idem.

479. — Dans un parc où se voit une pièce d'eau, les arbres et les « to-ro » couverts de neige affectent la forme de squelettes humains. Idem.

480. — Un « daï-myo » suivi de son serviteur se promène le soir dans un jardin d'où l'on aperçoit la mer. Idem.

481. — Les flots de la mer viennent se briser sur les roches au pied d'une haute falaise. Idem.

482. — Par une triste journée de neige, un bûcheron accoudé sur sa lourde hache voit en songe une jolie courtisane sortir du tronc d'un vieux cerisier qu'il doit abattre. Idem.

483. — Trois « matsou » se détachent vigoureusement en haut d'un tertre, plus loin, d'autres arbres vont se perdant dans la brume. Non signé.

484. — Troupe de montreurs de « shishi » dans une barque descendant une rivière, au loin le soleil se couche derrière les cerisiers en fleurs. Signé : Itchi-rion-saï Hiro-shighé.

485. — Entrée d'une maison publique à Yoko-hama. Curieuse planche où l'on voit des étrangers chinois ou européens en compagnie de femmes galantes. Signé : Hiro-shighé.

486. — Par un temps de neige deux jeunes femmes regardent de la terrasse d'une « tcha-ya » des barques et des radeaux circulant sur la Soumi-da. Idem.

Sho kokou Meï-sho hiak-keï. Cent vues d'endroits célèbres dans plusieurs provinces. Six estampes, grand format en hauteur, choisies dans la série, toutes signées : Hiro-shighé.

487. — La rue hiakou nïn matchi, au quartier de Ao-yama, à Yé-do, éclairée par de nombreuses lanternes nommées « hoshi-toro » (lanterne-étoile).

488. — Vue fidèle du volcan du mont Asa-ma, dans la province de Shima-no. Coucher de soleil.

489. — Le temple Daï-djo-dji, à Cana-zava dans la province de Ka-ga, vu par un matin brumeux.

490. — Nombreuse assistance dînant ou se distrayant un soir d'été au quartier de Shi-jo, à Kyo-to.

491. — Des pêcheurs ont allumé un grand feu de bois au milieu de la campagne couverte de neige environnant le lac Souwa (province de Shina-no), où l'on pêche l' « aka-wo » (poisson rouge) et l'anguille appelée « yatsou-mé ».

492. — Rentrant la nuit au port de Taki-bi (province de Wo-ki), une jonque, afin d'éviter les rochers, éclaire sa route au moyen de torches jetées dans les flots.

493. Format étroit en hauteur : moineau volant auprès d'un tronc de bambou feuillu à sa partie supérieure. Cette estampe et celles qui suivent sont signées : Hiro-shighé. Estampe reproduite dans : B. A. J., n° 418.

494. — Un canari se balance sur la branche flexible d'un acacia en fleurs.

495. — Par un temps de neige deux moineaux se poursuivent autour d'un arbuste en fleurs. B. A. J., n° 421.

496. — Par une calme soirée de pleine lune des bateaux sont amarrés au bord de la mer ; sur le rivage une jeune femme croise un porteur de « kan-go » (sorte de palanquin). Cette planche et la suivante font partie des vues de Yé-do.

497. — De l'endroit appelé Mé-gouro par une belle soirée d'automne on aperçoit le mont Fouji.

498. — Des piétons et des porteurs de « kan-go » suivent un chemin bordant une colline, par un soir de printemps. Planche faisant partie des vues de To-to.

Rokou djou yo shiou meï-sho dzou yé. Recueil illustré de beaux endroits dans plus de soixante provinces. Sept estampes choisies dans la série, grand format en hauteur, signées : Hiro-shighé.

499. — Petit temple où l'on accède par un pont jeté sur un torrent dans les montagnes couvertes de neige de Harou-na, province de Ko-dzouké.

500. — O-yashiro dans la province de Idzou-mo. Des dames portant des présents traversent le parc d'un temple par un temps de brouillard.

501. — Des paysans occupés au repiquage du riz sont surpris par l'orage à O-no, province de Ho-ki.

502. — Deux jonques rentrent au port de Taki-bi, province de Wo-ki.

503. — Vue du rivage de Maï-ko tout planté de « matsou » dans la province de Hari-ma.

504. — Pêche du poisson appelé « katsou-wo » (sorte de scombre) au large, dans la province de To-sa.

505. — Shi-tsoukouri dans la province d'I-ki. Un village au fond d'un petit port naturel, des collines, des rochers sous la neige qui tombe.

506. Format étroit en hauteur. Deux canards mandarins nageant passent sous un camélia en fleurs tout couvert de neige. Signé : Hiro-shighé, ainsi que toutes celles qui suivent.

507. — Un paon va se désaltérer dans un petit ruisseau près d'un beau camélia fleuri poussé dans les interstices d'un rocher.

508. — Un coucou vole au-dessus d'une branche de pin devant le disque de la lune.

509. — Oiseau huppé, à longue queue perché sur une branche retombante de cerisier fleuri.

510. — Oiseau volant au-dessus de beaux camélias.

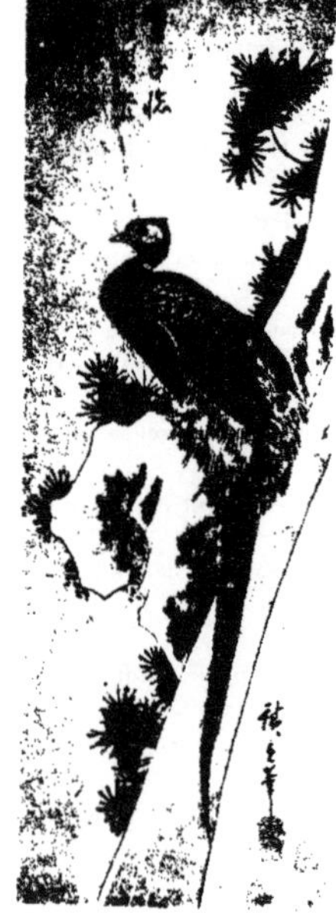

N° 514.

511. — Une hirondelle vole sous une glycine.

512. — Un martin-pêcheur dirige son vol vers de beaux hortensias.

513. — Oiseau se dirigeant vers une plante à fleurs bleues.

514. — Un beau faisan posé sur un rocher couvert de neige.

515. — Un paon à demi caché par un camélia aux fleurs roses.

516. — Deux oiseaux volètent près d'un gros bambou chargé de neige, dont les flocons mouchetant le ciel bleu foncé donnent à cette planche un aspect tout particulier.

517. — Deux petits oiseaux verts se balancent sur un frêle bambou parmi de jolis chrysanthèmes.

518. — Petit temple situé dans un îlot à Oué-no, plus loin d'autres temples perdus dans les arbres en fleurs.

519. — Deux paysannes battent de la toile au clair de lune. Planche faisant partie des six vues de la rivière de Tama-gava.

520. — La Soumi-da sillonnée de barques au pont de Ryo-gokou.

521. — Faisan posé sur un rocher ajouré et fleuri de chrysanthèmes.

522. — Une cigogne se tient sur une patte près d'une plante à fleurs jaunes.

523. — Un canari posé sur une fleur de camélia largement épanouie.

524. — Oiseau se balançant sur une branche retombante de cerisier en fleurs.

Sept estampes choisies dans la série des poissons. Grand format en largeur, signées : Hiro-shighé.

525. — Un poisson rouge à gros yeux au milieu des herbes. Impression rehaussée de mica.

526. — Sorte de thon près de feuilles et de bourgeons.

527. — Cinq truites descendent un courant.

528. — Deux grosses crevettes au-dessus de deux poissons bleus.

529. — Carpe remontant un courant.

530. — Une grosse langouste près de deux crevettes.

531. — Deux coquilles d'awa-bi posées près d'une branche fleurie de cerisier et d'un poisson long et mince. Estampe rehaussée de mica.

Toto meï sho. Vue de la capitale de l'est (Yé-do). Onze estampes, grand format en largeur, signées : Hiro-shighé.

532. — Le pont Ni-hon bashi par un jour de pluie.

533. — De nombreuses barques rentrent à Tsoukouda-jima.

534. — Vue du temple Tèn-man-gou à Kaméï-do, par une soirée neigeuse.

535. — Le pont Yeï-taï à Fouka-gava au coucher du soleil.

536. — Vue d'une « tcha-ya » près d'un temple à Yanaghi-shima.

537. — Vue d'une salle de spectacle de Sarou-waka-matchi (nom d'une rue de Yé-do).

538. — Le temple Go-hiakou-rakan au crépuscule.

539. — Taka-nava. « Nori-mono », charrettes et piétons circulent au bord de la mer où de nombreux voiliers sont ancrés.

540. — Spectacle donné gratuitement au public un jour de « matsouri » (fête) par des danseurs et des musiciens réunis dans une salle du temple Shïn-meï-gou à Shiba.

541. — Une barque et un radeau descendant la rivière passent devant un temple enfoui sous la neige à Ma-saki.

542. — Des gens pêchent à la ligne dans un canal à O-tcha-no-mizou.

Autre série des vues de To-to. Cinq planches, même format, signées : Hiro-shighé.

543. — Le temple Mio-djin à Kan-da et les grands arbres du parc tout couverts de la neige tombée dans la journée.

544. — Le feu d'artifices au pont de Ryo-gokou.

545. — Vue au soleil couchant d'une petite montagne très boisée au bas de laquelle on voit de nombreuses maisons bordant un canal.

546. — Le pont et le quartier Ni-hon bashi sous la neige.

547. — A l'aurore de grandes barques sont à l'ancre en vue de Tsoukouda-jima.

548. Grand format « kaké-mono ». Le prince Nari-hira chevauchant, en vue du mont Fouji, accompagné de deux serviteurs. Signé : Hiro-shighé.

549. — Faucon perché sur une branche de pin, sa tête se détache sur le disque rouge du soleil. Idem.

550. — Faucon sur le tronc d'un pin au soleil couchant. Idem.

551. — Grue debout sur le tronc d'un pin, masquant à demi le disque du soleil. Signé : Itchi-riou-saï.

Kyo-to meï-sho no outchi. Vues de beaux endroits dans Kyo-to. Trois estampes, grand format en largeur, toutes signées : Hiro-shighé.

552. — Une grande barque chargée de voyageurs remonte le fleuve au clair de lune.

553. — Des gens se disposent à déjeuner au bord d'un torrent traversé par un pont de bois.

554. — Par une belle soirée d'été de nombreuses personnes dînent ou se rafraîchissent dans les établissements au bord de la rivière.

555. Format carré « Hama-matsou ». Un homme tombant par-dessus un autre a renversé les « sho-dji » de la devanture. Signé : Hiro-shighé.

556. — Perdu au milieu des grands arbres, un temple construit au bord d'un canal nous apparait tout couvert de neige.

557. — Non loin du Fouji, trois barques voguent en vue d'un petit village. Signé : Itchi-riou-saï.

558. — Le temple To-yeï-zan, à Oué-no, entouré de pins et de cerisiers fleuris.

559. Petit format en hauteur. Jeune femme assise sur une banquette au bord de la mer.

560. — Une rivière coule au pied de montagnes couvertes de neige.

561. — Deux jeunes femmes ramassent des coquillages au bord de la mer.

562. — Un poisson dans un courant.

563. — Village encaissé entre deux collines au bord de la mer.

564. — Barques dans un canal.

Tchiou shïn goura. Miroir des fidèles sujets. Huit planches, grand format en largeur, choisies dans la série, signées : Hiro-shighé.

565. — Les espions. Kora-no-souké lisant une lettre à la faible clarté d'une lanterne et de la lune, est observé par une courtisane et un personnage d'aspect grotesque.

566. — Deux jeunes voyageuses suivies de porteurs passent près d'un gros « matsou » entouré de lierre.

567. — Par un soir d'hiver un « ro-nïn », les pieds dans la neige, joue de la flûte à la porte d'une maison dans laquelle deux femmes se lamentent.

568. — Un groupe de « ro-nïn » portant un grand panier se présentent le soir à l'une des portes de la demeure de Ki-ra.

569. — Les « ro-nïn » aux prises avec les gens de Ki-ra se battent dans les dépendances et dans les jardins tout couverts de neige du domaine de ce dernier.

570. — Les « ro-nïn » se saisissent de Ki-ra qu'ils viennent de découvrir au milieu des paquets de charbon où il s'était caché.

571. — Les fidèles « ro-nïn » venant d'exécuter Ki-ra dont ils portent en ce moment la tête au cimetière, afin de l'offrir en holocauste aux mânes de Asa-no, se voient barrer le chemin par des représentants de la force publique.

572. — Les « ro-nïn » costumés en pompiers sont arrêtés par les autorités au moment où ils viennent de s'engager sur le pont de Rio-gokou tout couvert de neige.

O-mi hak' keï no outchi. Vue de huit beaux sites dans la province de O-mi. Cinq estampes grand format en largeur, signées : Hiro-shighé.

573. — Sous une pluie diluvienne, un énorme pin allonge ses larges rameaux au-dessus d'un temple construit à l'extrémité d'un îlot.

574. — Des barques de pêche rentrent au port au coucher du soleil.

575. — Par une mer très calme, de nombreuses barques se dirigent vers un village de pêcheurs. Au loin, une haute montagne borne l'horizon.

576. — Les maisons de plusieurs villages à demi cachées par les arbres se voient çà et là dans un paysage très montagneux.

577. — Un pont de bois d'une grande longueur interrompu par un petit îlot relie deux villages de pêcheurs.

Sho-kokou rokou tama-gava. Six vues de la rivière Tama dans plusieurs provinces. Quatre estampes, grand format en largeur, signées : Hiro-shighé.

578. — Jeunes femmes occupées à rincer et à étendre des pièces de toile au bord de la rivière.

579. — Un trio de voyageurs regarde une cascade dont les eaux viennent grossir un torrent qui dévale devant eux.

580. — Le soir au clair de lune, deux jeunes femmes battent de la toile près de leurs chaumières.

581. — Deux dames de qualité et leur serviteur sur le bord de la riviere Tama-gava regardent un vol de petits oiseaux.

Neuf estampes choisies dans la série du Ki-so-kaï-do, ouvrage fait en collaboration avec Keï-saï Yeï-sën. Grand format en largeur, signées : Hiro-shighé.

582. — Wa-da. A la fin du jour quelques voyageurs suivent un chemin entre les montagnes couvertes de neige.

583. — Oué-matsou. Deux voyageurs arrêtés sur un pont rustique au dessus d'un torrent regardent une cataracte tombant à pic.

584. — Shïn-matchi. Un bouquet de « matsou » borde la rivière traversée par un pont.

585. — Karou-i-zawa. Un voyageur à cheval et deux à pied allument leurs pipettes à un feu de branchettes qui brûle au bord du chemin.

586. — Taka-miya. A l'entrée d'une route où se voient deux « matsou » un « samouraï » croise deux paysannes portant des ballots dans des enveloppes de paille.

587. — O-i. Conduits par la bride, deux chevaux portant des voyageurs et leurs bagages avancent péniblement sous la neige qui tombe en abondance.

588. — Mi-také. Dans une petite auberge située au bord de la route où coule un ruisseau, des paysans sont groupés autour d'une grosse marmite pendue au-dessus d'un feu de bois.

589. — Foushi-mi. Des paysans et des voyageurs mangent ou se reposent à l'abri d'un très gros « matsou » planté sur le bord de la route.

590. — Mi-yé-ji. Deux paysans arrêtés près d'un bouquet d'arbres aux fleurs rouges, semblent indiquer à un voyageur le chemin de la ville.

Ni-hon minato. Les ports du Japon. Cinq planches grand format en largeur, signées : Hiro-shighé.

591. — Shina-gava. La lune se lève éclairant le port où des barques sont ancrées. Dans les « tcha-ya » qui bordent le rivage des jeunes gens dînent en joyeuse compagnie.

592. — Naka-sou, port sur la Soumi-da, à Yé-do. On aperçoit les voiles de plusieurs barques à demi cachées par les hautes herbes poussant dans la rivière.

593. — Tep-po-dzou, à Yé-do. Un radeau et des « san-pan » circulent dans un canal près de la mer.

594. — Shimo-no-séki. Deux courtisanes vont s'embarquer à bord d'une jonque ancrée dans le port.

595. — Une jonque chargée de voyageurs cargue ses voiles en vue d'un port encaissé dans les montagnes.

To-kaï-do go djou san tsoughi no outchi. Cinquante-trois stations dans la route de la mer de l'est. Quinze planches choisies, grand format en largeur, signées : Hiro-shighé.

596. — Shina-gava. Au soleil couchant un cortège de daï-mio traverse la rue du village, au bord de la mer, où se voient de nombreuses barques de pêche.

597. — Même sujet que la précédente, mais avec cette particularité que le ciel est ici nuageux.

598. — Hira-tsouka. Au crépuscule deux porteurs de « kan-go » (sorte de palanquin) croisent sur un chemin de rizières un coureur des postes.

599. — Mi-shima. Par un temps de brouillard des voyageurs à cheval, en « kan-go » et à pied passent devant l'entrée d'un temple.

600. — Ho-do-ga-ya. Petit cortège de samouraï traversant un pont aboutissant à une rue du village.

601 Kan-bara. Par une soirée d'hiver des voyageurs passent devant les maisons du village à demi ensevelies sous la neige.

602. — Yé-djiri. Des barques de pêche rentrent au port où d'autres sont déjà à l'ancre.

603. — Foudji-éda. Halte de porteurs devant une auberge.

604. — Foukouro-i. Messager et porteurs se reposant à l'abri d'un vieux « matsou » pendant que, dans la bouilloire installée sur un foyer en plein air, l'eau chauffe pour le thé.

605. — Maé-saka. Des barques de pêcheurs sont amarrées à des piquets dans un petit port naturel abrité par de gros rochers. Planche tirée en des tons verts et bleus très particuliers.

606. — Ara-i. Un bateau sur lequel voyage un seigneur et sa suite en croise un autre tout rempli de paysans endormis.

607. — Nouma-dzou. A la clarté de la pleine lune, une femme et un enfant suivis d'un homme portant sur le dos, dans une sorte d'armoire, un masque au long nez, se dirigent vers le village.

608. — Oka-saki. Un cortège traverse le fleuve sur un large pont de bois.

609. — Tchi-ri-you. De nombreux chevaux sont au pacage dans de vaste prairies.

610. — O-tsou. Trois charrettes traînées par des bœufs passent sur la route auprès d'une auberge.

611. Grand format en largeur. Un temple construit dans un petit îlot où l'on accède par pont de bois. Effet de neige. Signé : Hiro-shighé.

612. — Vue de Eno-shima à marée basse. Trois jeunes femmes viennent de visiter ce lieu saint. Signé : Itchi-riou-saï Hiro-shighé.

613. — Deux jonques ancrées sur une des rives de la Soumi-da à Yé-do. Conduites par de nombreux rameurs, des barques légères remontent le fleuve. Cette planche fait partie des huit beaux sites de Yé-do. Signé : Hiro-shighé.

614. — Après un joyeux dîner deux personnages quittent le restaurant Ta-gava, à Asa-kousa, en aimable compagnie. Cette planche et la suivante font partie de la série des restaurants célèbres de Yé-do. Signé : Hiro-shighé.

615. — Une « ghé-sha » danse devant deux dineurs au restaurant Kava-tchi-ro, à Oué-no.

Meï-sho Yé-do hiak-keï. Cent vues de beaux endroits à Yé-do, dix-huit planches choisies dans la série, grand format en hauteur, signées : Hiro-shighé.

616. — Vue du nouveau Yoshi-hara à l'aurore.

617. — Route bordant une petite rivière près de l'aqueduc de Séki-goutchi.

618. — Une grosse tortue est pendue à la charpente du pont de Mannën au quartier de Fouka-gava.

619. — Sous une pluie battante des gens traversent le pont O-hashi sur la Soumi-da.

620. — De nombreux promeneurs circulent sous les cerisiers en fleurs bordant la rivière Tama-gava, près de la digue.

621. — Une jeune servante passe le soir au bord de la Soumi-da, à Matsou-tchi-yama.

622. — La culture des beaux iris au village de Hori-kiri, près de Yé-do.

623. — Des gens se baignent auprès d'une cascade dans la rivière Taki-no-gava, à O-ji. Vue d'automne.

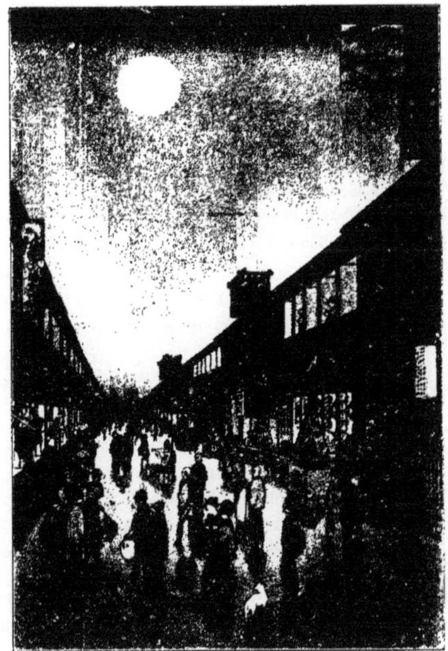

N° 624.

624. — De nombreux promeneurs suivent au clair de la pleine lune la rue Sarou-vaka où se trouvait autrefois un grand théâtre. Dans cette remarquable planche, le maître a, à l'instar des Européens, observé les ombres portées.

625. — De beaux érables aux feuilles rouges bordent un lac où ils se reflètent, dans l'enceinte du temple Aki-ha.

626. — Le temple Kïn-riou-zan à Asa-kousa par un temps de neige; la grosse lanterne.

627. — Un gros chat blanc posé sur le bord d'une fenêtre regarde passer un cortège de fête traversant les champs de Asa-kousa.

628. — Deux paysannes à l'aspect bizarre sont debout sur un bac près d'aborder à O-ouma-ya, sur la Soumi-da.

629. — De nombreux chantiers de bois bordent la rivière Fouka-gava à Ki-ba. Temps de neige.

630. — Par une triste journée de neige, un aigle plane au-dessus de Djiou-man-tsoubo, à Fouka-gava.

631. — Vue du pont Taï-ko bashi, situé dans un temple à Mé-gouro, par un temps de neige.

632. — Vue au crépuscule et par la neige d'une rue bordant un large ruisseau à Ata-go shita, au quartier de Shi-ba.

633. — Par une nuit sombre les renards sont réunis autour de l'arbre appelé Sho-zokou Yénoki, à O-ji.

Petit format en hauteur. Six planches choisies dans un des meilleurs « To-kaï-do ». Signé : Hiro-shighé.

634. — O-tsou. Un voyageur passant près d'une auberge est appréhendé par une jolie servante.

635. — Mi-shima. Une jolie voyageuse et un porteur près d'un tori-i.

636. — Mina-koutchi. Une jolie femme accoudée à sa fenêtre regarde des voyageurs circuler sous la neige.

637. — Yé-djiri. Sous la pluie qui tombe, des paysans sont occupés au repiquage du riz.

638. — Fou-tchou. Un cavalier à l'entrée d'une auberge cause avec une jolie servante tenant une lanterne.

639. — Nouma-dzou. Emmitouflées dans leurs kimono d'hiver deux voyageuses s'avancent dans la campagne couverte de neige.

640. Petit format en largeur. Une grenouille de rouge vêtue et un « tora-fougou » (tétraodon) portant un « kimono » vert, comparaissent devant un blaireau faisant l'office de magistrat. Ils sont présentés par Ho-teï. Idem.

641. — Paysage printanier au coucher du soleil.

642. — A la fin du jour on aperçoit les voiles de deux jonques ancrées au milieu des roseaux. Au loin le Fouji.

643. Écran. Trois danseurs comiques exécutent une danse burlesque. Signé : Riou-saï.

644. — Des chrysanthèmes blancs, roses et jaunes se détachent vigoureusement sur un fond noir. Signé : Hiro-shighé.

645. — Le pont de Ryo-gokou au soleil couchant. Idem.

646. — Deux jolies femmes se tiennent devant une maison de thé construite au bord d'un torrent traversé par un pont de bois. Idem.

Fou-ji san djou rok-keï. Trente-six vues du mont Fouji. Quatre estampes choisies dans la série, grand format en hauteur, signées : Hiro-shighé.

647. — Bateaux amarrés dans un canal près des murs de To-kyo, à l'endroit nommé Sou-ki-ya. Effet de neige.

648. — Deux jeunes femmes sur la terrasse d'une « tcha-ya » à Fou-ji-mi près de To-kyo.

649. — Voyageurs à pied et à cheval gravissant la montagne Ka-so, province de Ka-dzousa.

650. — Les lames viennent se briser contre les rochers de la côte de Ho-ta, dans la province de A-va.

Ko-to meï-sho. Beaux endroits de Ko-to (Yé-do). Quatre planches, grand format en largeur, signées : Hiro-shighé.

651. — A l'aurore de nombreuses personnes circulent sur le pont Ni-hon bashi.

652. — Vue d'un temple perdu au milieu des grands arbres à O-ji.

653. — Kasoumi-ga-séki. Nom d'un endroit élevé de Yé-do ; montreurs de « shishi » et passants circulant dans une rue très montante.

654. — Promeneurs près d'un grand « tori-i » à l'entrée du temple Hatchi-man-gou à Fouka-gava.

Grand format en largeur. Quatre planches de la série des vues célèbres de Nani-ha (O-saka). Signé : Hiro-shighé.

655. — Jolies femmes, marchands et porteurs circulent sur un large pont de bois à O-saka.

656. — Des badauds regardent passer une petite procession de « djoro » dont quelques-unes font leur entrée dans un restaurant à la mode.

657. — Un homme vêtu de kimono féminins exécute un pas burlesque pour amuser ses compagnons installés sur l'herbe au temps des cerisiers en fleurs.

658. — Le marché aux poissons. La vente à la criée.

659. Grand format en largeur. Un voyageur croise un couple de paysans sur la plage de Hama-matsou. Cette planche et les six qui suivent appartiennent à l'un des meilleurs « To-kaï-do » exécutés par le maître. Signées : Hiro-shighé.

660. — To-tsouka. Des voyageurs suivent une route bordée de beaux « matsou ».

661. — Fouta-gava. Halte à la « tcha-ya ».

662. — Hira-tsouka. Un « daï-myo » et son porte-lance suivent un chemin étroit au milieu des rizières.

663. — Foudji-sava. Le soir, près de l'entrée d'un temple d'accortes servantes d'auberge sollicitent vivement les voyageurs.

664. — O-tsou. Le marchand d'o-tsou yé (dessins de O-tsou). Un « samouraï » fait emplette d'un diable porte-bonheur.

665. — Fou-tchou. Des voyageurs à pied et à cheval entrent le soir dans une auberge.

666. — De grandes barques de pêche sont ancrées en vue de Ki-sara-dzou, province de Kadzou-sa. Cette planche et la suivante font partie de la série des mers et des montagnes comparées entre elles. Signé : Hiro-shighé.

667. — Vue d'un temple perdu dans les montagnes couvertes de neige, dans la province de Bi-zën.

Yé-do meï-sho. Vues des beaux endroits de Yé-do. Trois estampes, grand format en largeur, toutes signées: Hiro-shighé.

668. — Ni-hon bashi sous la neige.

669. — Magnifique feu d'artifices au pont de Ryo-gokou.

670. — Des visiteurs installés sur le balcon du temple Go-hiakou-rakan admirent le panorama de la capitale.

Autre série, même format, signée: Itchi-riou-saï Hiro-shighé.

671. — Courtisanes et promeneurs circulant dans une des rues principales du Yoshi-hara.

672. — Au coucher du soleil après une journée de neige, la foule se presse sur le pont Ni-hon bashi.

Grand format en largeur. Huit planches tirées de différentes séries des vues de To-to et de Yé-do meï-sho. Signées: Hiro-shighé.

673. — Les rives de la Soumi-da sous la neige.

674. — De nombreuses « tcha-ya » bordent le chemin conduisant au Yoshi-hara.

675. — Sous la neige tombant à gros flocons deux jeunes femmes suivies d'un serviteur gravissent un chemin bordant un canal.

676. — L'entrée du Yoshi-hara par une belle soirée au temps des cerisiers en fleurs.

677. — La foule se presse le soir sur l'un des quais de la Soumi-da où de nombreuses barques sont ancrées.

678. — Beau feu d'artifices tiré du pont de Ryo-gokou.

679. — La pleine lune éclaire la Soumi-da sillonnée de barques vers le pont Yeï-taï bashi.

680. — Vue de la Soumi-da par une calme soirée de pleine lune. Des barques sont amarrées près d'un petit pont conduisant à une « tcha-ya ».

681. Grand format en hauteur. Sous la pluie qui commence à tomber, une jeune et jolie paysanne cueille une branche fleurie pour l'offrir à un grand seigneur que l'orage a fait réfugier chez elle. Signé: Hiro-shighé.

682. — Le « shishi » (lion-chimère), dont la jalousie est féroce, a un moyen bizarre de s'assurer s'il est bien le père du petit que sa moitié lui a donné. Dès que celui-ci peut marcher il le précipite au fond d'un gouffre, si le petit reste au fond, c'est que le « shishi » a été trompé; au contraire, s'il remonte, sa paternité n'est pas discutable. La présente estampe nous montre un heureux « shishi » regardant avec amour son petit remonter vers lui.

683. Petit format en hauteur. Des paysannes occupées au dépiquage du riz. Signé: Hiro-shighé.

684. — Deux chauves-souris volent sous un gros « matsou » éclairé par la pleine lune. Idem.

685. — Un samouraï arrêté près d'une lanterne.

686. — Un tronc d'arbre éclairé par la lune.

Petit format en largeur. Quatre petites planches représentant des vues de Yé-do. Signé : Hiro-shighé.

687. — Les piles du pont Yeï-taï-bashi sur la Soumi-da.

688. — Des barques rentrant à Yé-do passent au large de Shi-ba.

689. — La pleine lune éclaire le quai de Taka-nava près duquel de nombreuses barques sont ancrées.

690. — Construit sur les bords de la rivière, un temple entouré de « matsou » disparait à demi sous la neige qui tombe.

« Ari-mazé gwa » (Dessins à découper et à coller sur les paravents ou les « sho-dji »). Cinq petites planches de toutes formes par Hiro-shighé.

691. — Deux jeunes femmes remplissent leurs paniers d'herbes marines à Shina-gava.

692. — La pleine lune éclaire une route au milieu des champs à Aka-saka.

693. — Près d'un « tori-i » entouré de « matsou » un vieil arbre est violemment secoué par la rafale à Tsouchi-yama.

694. — Un magnifique homard et trois petits poissons dans les flots à Yo-ka-itchi.

695. — Une paysanne des environs de Kyo-to se repose sur un des fagots qu'elle vient de couper.

HIRO-SHIGHÉ IIe.

696. Grand format en hauteur. Planche supplémentaire de la série des cent vues de Yé-do. Vue d'un endroit planté de « kiri » (paulownia) au quartier de Asa-kousa, par un soir de pluie. Signé : Hiro-shighé IIe.

Trois estampes, grand format en largeur, de la série des huit vues de O-mi, signées : Hiro-shighé IIe.

697. — Un « shiro » s'avance dans les eaux du lac sillonné de barques.

698. — Le gros pin sous la pluie.

699. — Le grand pont.

HANABOUSA IT-TCHO Ier.

(1652-1724).

700. Grand format en largeur. Estampe reproduisant la fête nommée « Tan-go ». Signé : Hanabousa It-tcho.

701. — Devant un théâtre installé sous des cerisiers en fleurs, un homme précédé de deux « samouraï » se retourne pour regarder deux jeunes femmes d'allures moqueuses. Non signé.

It-tcho kyo gwa shiou. Recueil de dessins fantaisistes de It-cho, planches choisies dans la série, format en largeur, non signées.

702. — Rokou-ka-sën (les six poètes célèbres).

703. — Le « shishi » (amusement populaire). Des danseurs et des musiciens entourent le monstre factice.

704. — Éléphant tombé au milieu d'une troupe d'aveugles.

705. — Les quatre héros écrasent l'araignée géante.

706. — Cheval furieux d'être attelé à une voiture à bras chargée de sacs de riz.

SOU-GAKOU-DO

(PREMIÈRE MOITIÉ DU XIX SIÈCLE).

707. Grand format en hauteur. Un canari perché sur un arbre à fleurs roses. Signé : Sou-gakou-do, ainsi que celles qui suivent.

708. — Deux oiseaux parmi des pavots roses.

709. — Un oiseau à aigrette grise perché sur un roseau autour duquel s'enroule une plante à fleurs violettes.

710. — Une nichée de poussins sous une plante à fleurs jaunes, au-dessus volent trois abeilles.

711. — Un héron parmi des iris.

712. — Un gros oiseau noir et blanc sous une sorte de piment.

NISHI-KAVA SOUKE-NOBOU

Traitées avec un soin tout particulier en des tonalités charmantes, cette suite de cinq petites planches en largeur, bien que non signée, est l'œuvre de Nishi-kava Souké-nobou, qui se révèle ici, non seulement un maître supérieur dans l'art de présenter les jolies personnes à la mode de son temps, mais encore un parfait observateur de la perspective.

713. *La promenade*. Au temps où les cerisiers sont en fleurs, une jolie femme, la tête couverte d'une sorte de mantille, se promène en compagnie d'une petite fille et d'une servante.

714. *Le départ*. Une jeune femme aide son amoureux à remettre son manteau en le reconduisant jusqu'au seuil de sa maison, devant laquelle des « samouraï » s'exercent à l'arc.

715. *Le saule*. Passant sous un saule, une jeune paysanne tenant un enfant par la main, porte sur sa tête un plateau contenant le repas des travailleurs occupés dans les rizières voisines.

716. De nombreux promeneurs suivent une rue spacieuse où se voit un temple entouré de petites boutiques.

717. Pont très fréquenté jeté sur un petit cours d'eau près d'un phare, plus loin la mer où apparaissent quelques voiles.

SHOUN-SOUI

(XVIII SIÈCLE).

718. Grand format en hauteur. Trois jeunes femmes en promenade dans la rue croisent un beau jeune homme portant des poissons. Signé : Yana-gava Shoun-soui.

SHOUN-SHO

(MILIEU DU XVIII SIÈCLE).

719. « Naga-yé ». Imprimé en laque noir. Sho-ki armé de son sabre s'avance en roulant des yeux terribles. Signé : Katsou-kava Shoun-sho.

720. — Un bonze arrêté sur le rivage contemple le mont Fouji, but de son pèlerinage. Idem.

721. — Même sujet. Le bonze, dont les lignes du vêtement forment un caractère japonais, est assis sur la plage sa pipette à la main. Signé avec le cachet au pot.

722. Petit format en hauteur. Près d'une jeune femme tirant un sabre du fourreau, un « samouraï » s'apprête à pourfendre un homme effondré à ses pieds. Signé : Shoun-sho.

723. — Un homme, l'air surpris, est aux pieds d'un guerrier tenant une jeune princesse dans ses bras ; debout sur le seuil de sa demeure un grand seigneur les observe. Idem.

724. — Yoshi-tsouné, auprès duquel se tient le fidèle Bĕn-keï, interroge un pauvre paysan agenouillé. Idem.

725. — Des hommes portant des torches cherchent des amoureux réfugiés derrière un buisson fleuri. Idem. Estampe reproduite dans : B. A. J., sous le n° 531 H.

726. — Un personnage armé d'un sabre s'empare de la bourse d'un pauvre vieux paysan d'aspect minable. Cachet Shoun-sho.

727. — Une jeune femme arrête le bras d'un « samouraï » qui s'apprête à pourfendre un homme effondré à ses pieds.

728. Grande composition en hauteur représentant la mort de Bouddha. Autour du dieu mort on voit tous ses disciples, tous les dieux y compris ceux de l'enfer avec les « oni » (diables), enfin tous les animaux, sauf le chat, sont présents. Et tous, les dieux, les hommes aussi bien que les animaux sont en proie à la plus grande désolation. Non signé. Hauteur : 0m,51 ; largeur : 0m,27.

729. — Les conjurés. Les « ro-nin », assemblés en armes près d'un « yashiki », sont épiés par un personnage accoudé sur le haut d'un mur.

730. Estampe carrée. Un guerrier, le sabre au poing, passant dans un défilé, est surveillé par un ennemi en sentinelle sur la hauteur. Signé : Katsou-kava Shoun-sho au-dessous du cachet en forme de pot.

731. « Hoso-yé ». Femme portant un chandelier. Signé : Shoun-sho.

732. — Ho-teï brandissant un jouet d'enfant. Idem. B. A. J., n° 489.

733. — Homme portant un manteau de paille par-dessus ses vêtements. Idem. B. A. J., n° 491.

734. — Un homme à manteau blanc, monté sur un radeau, passe auprès d'un saule. Idem. B. A. J., n° 493.

735. — Guerrier soulevant une ancre. Idem.

736. — Un personnage au costume orné de papillons, tenant à la main une longue flèche fourchue, fait lutter un faisan et un serpent. Idem.

737. — Un personnage en costume de cérémonie tient à deux mains un grand sabre non sorti du fourreau. Idem.

738. — Un homme s'escrimant du sabre au bord de la rivière. Idem.

739. Éeran : Personnage en « kimono » jaune, la tête enveloppée d'un linge, tenant à la main son éventail décoré de bambous. Non signé.

740. Grand format en hauteur. Yori-masa tenant d'une main son grand arc et de l'autre

une torche, éclaire un autre personnage s'apprêtant à égorger l'animal fabuleux nommé « nouyé ». Signé : Shoun-sho.

741. « Hoso-yé ». Acteur à la coiffure hérissée, tenant à la main une branche fleurie. Idem. B. A. J., n° 501.

742. — Un homme tenant son sabre par le milieu de la lame se dispose à faire le « hara kiri ». Derrière lui, un personnage, son assistant sans doute, brandit un énorme mortier dans l'intention évidente d'achever le malheureux. Idem.

743. — Acteur représentant sur un chariot un seigneur barbu qui tire la langue. Idem.

744. — « Ro-nïn », au vêtement blanc décoré de bambous noirs. Il tient à la main son grand chapeau. Idem.

745. — Scène représentant le mari, qui, par une nuit d'orage, tue sa femme jalouse. Idem. B. A. J., n° 504.

746. — Un acteur dans un rôle de grand seigneur portant un costume de cérémonie aux couleurs tendres passe près d'un cours d'eau. Idem.

747. — Près de la baie largement ouverte d'une riche demeure, un noble personnage aux vêtements noirs et verts se tient debout, un éventail à la main. Idem.

748. — Batelier, sur une plage, tenant son aviron. Idem. B. A. J., n° 502.

749. — Se détachant vigoureusement sur le fond du ciel bleu turquoise, un « samouraï » vêtu de blanc et de rouge attend sous un prunier en fleurs. Idem.

750. — La tête enveloppée d'un morceau d'étoffe sous son vaste chapeau, un voyageur semble attendre quelqu'un sur la route. Idem.

SHOUN-KO

(XVIIIe SIÈCLE).

751. « Hoso-yé ». Un marchand de nourriture ambulant arrêté, tient à la main le bâton qui lui sert à transporter son matériel. Idem.

752. — Vêtu de « kimono » roses par-dessus lesquels est jeté un manteau gris décoré de chrysanthèmes, un acteur en femme nous apparaît, un livre ouvert à la main. Idem.

753. — Portrait d'acteur vêtu d'un « kimono » à carreaux noirs et verts tenant sa pipette de la main droite. Idem.

754. — Debout sur le toit d'une maison, un homme tenant son sabre à deux mains se détache en vigueur sur le noir du ciel. Idem.

755. — Amplement vêtu de kimono de tonalités roses et blanches, un « samouraï » se tient debout les bras croisés dans un geste de défi. Idem.

SHOUN-YEI

(1761-1819).

756. Grand format en largeur. Les âmes des Taï-ra sous forme de spectres, surgissant des flots soulevés par la tempête, entourent menaçantes la nef des Minamoto. Idem. Hauteur : 0[m],29; largeur : 0[m],40.

757. Estampe large et basse : Un « samouraï », accompagné de son serviteur, se cache la figure derrière son éventail et cependant regarde à travers la monture un groupe de femmes et d'enfants qui passent. Signé : Katsou-Shoun-yeï. Larg. : 0m,55 ; haut. : 0m,20. Cette pièce très remarquable rappelle beaucoup le genre de Hishi-kava Moro-nobou.

758. Format en hauteur. Un gros lutteur attend son partenaire. Idem.

759. — Deux acteurs, l'un en femme vêtu d'un « kimono » orné de motifs d'éventails, est agenouillé, l'autre en « samouraï » se tient debout derrière lui. Idem.

760. — Homme portant un « kimono » vert très clair sur un autre jaunâtre. Sa coiffure, ses jambières, ses brassards, son vêtement de dessous sont gris foncé. Il tient une de ses mains dans l'autre. Par une coïncidence bizarre, l'œuvre ici reproduite rappelle tant par les traits, l'attitude et certains détails du vêtement même, la physionomie si caractéristique du roi Louis XI. Idem.

Estampe reproduite dans : B. A. J., n° 587.

761. — Un personnage agenouillé tourne la tête pour regarder une jeune femme debout derrière lui. Idem.

762. — Deux lutteurs, l'un énorme, au corps rouge, est aux prises avec un autre plus petit ayant le corps blanc. Idem.

763. — Écran représentant un acteur, la tête enveloppée d'un linge, qui porte de superbes favoris. Idem.

764. Petit format en hauteur. Un guerrier à cheval brandit à deux mains son grand sabre dans le but évident de pourfendre quelque ennemi. Idem.

765. — Près d'un ruisseau à l'ombre des bambous un homme de guerre assis sur un tigre roule des yeux furibonds à un personnage au type indou agenouillé respectueusement devant lui. Idem.

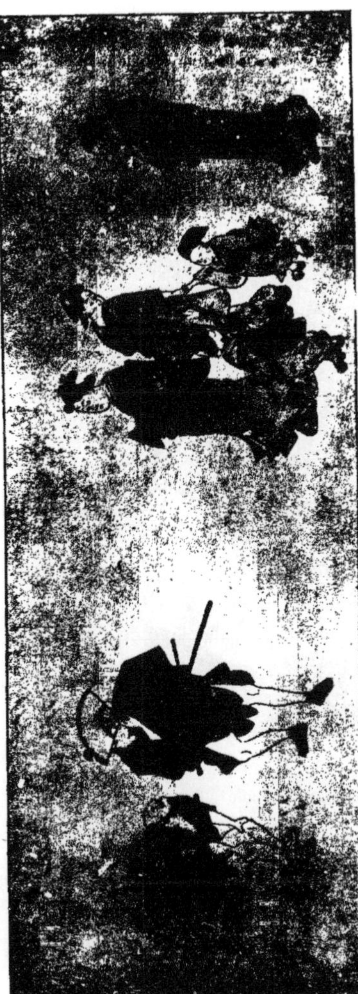

N° 757.

766. — Une jolie femme apparaît dans l'entrebâillement des « sho-dji » à un jeune seigneur assis dans un somptueux intérieur. Idem.

767. Format en largeur. Théâtre de lutteurs en plein vent à Yé-do. Planche curieuse par le grouillement d'une foule compacte. Signé : Shoun-yeï.

768. « Hoso-yé ». Ayant à la main un « maki-mono » à demi déroulé, un homme vêtu d'un kimono noir attend au bord de la rivière. Idem.

769. — Homme armé émergeant d'une petite meule de paille. Idem. B. A. J., n° 573.

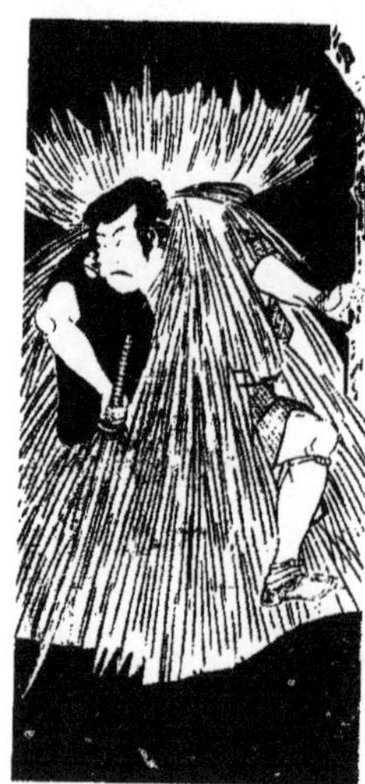

N° 769.

770. — Danseur vêtu d'un costume clair et tenant dans sa main droite un « taï-ko », exécute un pas animé. Idem.

771. — Acteur en femme, vêtu de « kimono » blanc, rose et vert, coiffé d'une sorte de bonnet noir, danse en tenant de la main droite un éventail et de l'autre relève son manteau dans un geste charmant. Idem.

772. — Par un temps de neige un homme portant de lourds vêtements d'hiver étend les bras dans un geste de surprise. Idem.

773. — Acteur à mi-corps, la tête couverte d'un linge. Idem.

774. — La pipette à la main, un acteur dans un rôle de courtisane portant de superbes vêtements bleus, blancs et roses, est arrêté devant une barrière. Idem.

SHOUN-ZAN

(XVIIIe SIÈCLE).

775. Petit format en hauteur. Quatre petits garçons, l'un d'eux monte sur les épaules de son camarade pour frapper sur une clochette. Signé : Shoun-zan.

776. — Sur un bateau, deux femmes brandissent des rames au-dessus de la tête d'un jeune garçon. Idem.

777. — Scène de « matsouri ». Deux jeunes filles traînant un chariot fleuri s'arrêtent pour parler à une de leurs compagnes. Signé : Katsou-kava Shoun-zan.

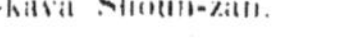

KATSOU-KAVA SHOUN-DO

(XVIIIe SIÈCLE).

778. Grand format en hauteur. Estampe représentant l'empereur en costume officiel. Signé : Katsou-kava Shoun-do.

779. — Cette planche nous montre l'impératrice également revêtue de son costume d'apparat. Idem.

SHOUN-DO (1)

(XVIIIe SIÈCLE).

780. Grand format en hauteur. Un jeune homme tout en fumant sa pipette, semble conter de doux propos à une jolie « ghé-sha », pendant que derrière eux une jeune femme essuie furtivement une larme avec un morceau de soie rouge. Signé : Katsou Shoun-do.

SHOUN-TEÏ

(XVIIIe SIÈCLE).

781. Grand format en largeur. Terrible scène de carnage dans les montagnes de Ki-so. Signé : Katsou Shoun-teï.

782. Triptyque. Cette composition nous montre une procession de jolies femmes, au milieu desquelles se trouve un beau jeune homme, arrivant à la grotte de Eno-shima. Signé : Shoun-teï.

783. Grand format en hauteur. Une sonnette entre les dents, les mains jointes, un homme assis sous une cataracte semble prier avec ferveur. Au-dessus de lui, chacun sur un nuage, deux dieux le contemplent. Idem.

784. — Deux acteurs : l'un en femme portant un « kimono » orné de fleurs jaunes retenu par une ceinture rose, se tient debout près d'un personnage accroupi a la mine réfléchie. Idem.

SHOUN-TCHO

(XVIIIe SIÈCLE).

785. « Naga-yé ». Jeune femme debout auprès de sa moustiquaire. Elle porte une ceinture rose sur un « kimono » lilas clair. Signé : Shoun-tcho.

786. — Une jeune femme au vêtement noir et rose, la tete couverte d'un chapeau de voyage, s'avance en compagnie d'un jeune homme portant un paquet noué sur les épaules. Idem.

787. — Au bord d'un fleuve, sur l'autre rive duquel se voient un temple et le parc qui l'entoure, se promène une jeune femme vêtue d'un « kimono » noir retenu par une ceinture rose. Idem.

788. Format en hauteur. Courtisane et ses deux « kamouro » près d'un arbre en fleurs. Signé : Kitsou-sa-do Shoun-tcho.

789. « Hoso-yé ». Un montreur de shishi arrêté près d'un torrent. Signé : Shoun-tcho.

SHOUN-SEN

(PREMIÈRE MOITIÉ DU XIXe SIÈCLE).

790. Triptyque. Un cortège de « matsouri » passe devant des grands magasins du quartier de Ni-hon bashi à Yé-do. Signé : Shoun-sën.

(1) Cet artiste, dont le nom s'écrit au moyen de caractères differents, ne doit avoir aucun rapport avec le précédent.

791. Format en largeur. Les pêcheuses d' « awa-bi ». Une jolie pêcheuse à demi nue, tenant son couteau entre les dents tord sa tunique; une autre, sortant de l'eau, lui présente un coquillage. Sur le rivage deux jeunes femmes fument leur pipette près d'un petit garçon.

792. — Près d'un gros « matsou » deux jolies pêcheuses de sel vont remplir leurs seaux à la mer. Non signé.

793. — Deux jeunes femmes et une fillette au bord d'un ruisseau. Signé : Shoun-sën.

794. — Une servante, sa lanterne à la main attend sur une jetée l'arrivée d'une barque où se trouvent une « djo-ro » et son amoureux. Idem.

795. Format en hauteur. Une gracieuse jeune femme ouvrant son parasol. Idem.

796. — Trois jeunes femmes sous une treille font la cueillette du raisin. Idem.

KATSOU-SHIKA HOKOU-SAI

(1749 — 1859).

797. Grand « souri-mono » en largeur. Un « matsou » planté près d'une haie abrite un « to-ro » (lanterne) de pierre sous lequel poussent des plantes à fleurs jaunes. Signé : So-ri.

798. — Les deux rives de la Soumi-da développant les berges de la ville de Yé-do, en amont du pont Rio-gokou, dans une vue prise au faubourg Hon-jo, qui se déroule au premier plan, avec ses digues et ses verts bosquets abritant de paisibles maisonnettes. Idem.

799. — De nombreuses barques à voiles circulent sur la rivière Soumi-da. Idem.

800. Grand format bas en largeur. Deux beaux lis auprès d'une plante à fleurs mauves.

801. « Hoso-yé ». Près d'un bouquet de bambous un homme tenant à la main son sabre nu semble attendre quelque adversaire. Signé : Shoun-ro.

802. Grand format en largeur. « Ouki-yé ». Cette estampe et les trois qui suivent nous montrent différents endroits célèbres de Yé-do. Ici, nous voyons les ponts Ni-hon bashi et Yé-do bashi, ainsi que le marché aux poissons tout grouillant d'une foule très bigarrée. Signé : Hokou-saï.

803. — Vue du temple Tën-man-gou à Kameï-do, endroit où se trouve un petit pont très cintré et une superbe glycine. Idem.

804. — Vue du pont Rio-gokou, sur la Soumi-da à Yé-do. Idem.

805. — Visite au temple To-yeï-zan, à Oué-no, lors de la floraison des cerisiers. Idem.

806. Format étroit en hauteur. Courtisane à la robe de dessus décorée de branches de pin et à la ceinture tricolore. Signé : Katsou-shika Taï-to.

807. — Courtisane coiffée et costumée à la mode du temps de Moro-nobou et de Souké nobou. Signé : Suivant la manière de « Hishi-kava et Nishi-kava ». Katsou-shika Taï-to.

808. « Souri-mono » en largeur. Devant sa demeure une jeune mère contemple ses enfants, dont l'un porte un sabre et l'autre un petit cheval de bois. Signé : Hokou-saï.

809. — Une jeune femme tenant sa pipette est assise près d'un paravent décoré de nuages. Idem.

810. — Sur la plage un gamin ramasse des coquillages, derrière lui sa maman le regarde. Plus loin on aperçoit un homme sur un bœuf et deux voyageurs. Non signé.

811. — Deux jolies voyageuses. Signé : Hokou-saï.

812. — Une natte de paille et deux cédrats. Idem.

813. — Une plantureuse dame vêtue seulement d'une sorte de jupon rouge traîne, à l'aide d'une corde, un volumineux champignon. Idem.

814. — Ustensiles de « tcha-jîn » : tcha-wan, tcha-iré, etc. Idem.

815. Oiseau à bec rouge perché sur un prunier en fleurs. Idem.

Cinq estampes en hauteur de la série des cascades. Signé : zën Hokousaï I-itsou.

816. — Foule grouillante dans le torrent au pied d'une cascade.

817. — Des gens montent du village au sommet d'une cascade par un escalier qui côtoie l'abîme.

818. — Personnages assis au bord d'un rocher d'où l'on voit tomber une cascade à pic ; un serviteur prépare leur repas.

819. — La cascade basse.

820. — Palefrenier lavant un cheval dans le torrent.

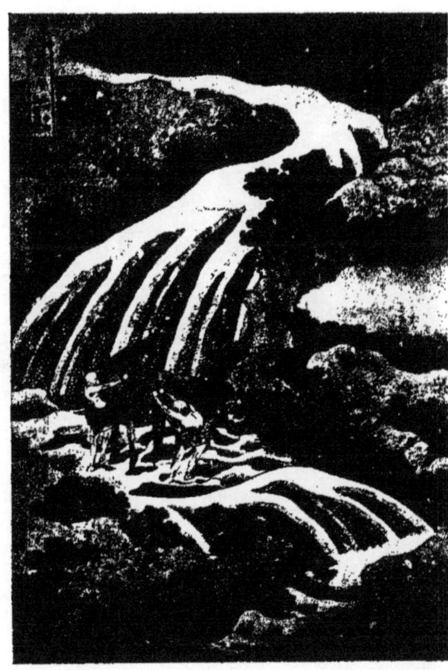

N° 820.

Grand format en largeur. Dix estampes de la série des ponts, signées : zën Hokou-saï I itsou.

821. Pont très fréquenté sur une rivière presque à sec. Parapluies séchant plantés dans le sable ; plus loin, tir à l'arc.

822. Pont étroit sur la rivière que suit un radeau. Sur la rive opposée au spectateur sont des pins et des arbres fleuris.

823. Pont exagérément cintré allant de la rive à un îlot. Tout auprès de son point de départ est une glycine énorme.

824. La foule regarde du haut d'un pont très cintré des barques illuminées circulant sur la rivière, au loin toutes les maisons riveraines sont éclairées.

825. Plusieurs ponceaux relient des îlots, au pied d'une colline, sur laquelle passe un large chemin.

826. Pont de bateau, sur lequel passe un homme à cheval. Temps de neige.

827. Pont aérien au-dessus d'une vallée.

828. Passerelle reliant à la falaise une roche isolée portant un pavillon.

829. Pont de bois dont les arches très cintrées reposent sur des piliers de pierre. Temps de pluie.

830. — Sur un petit pont mi-partie pierre et bois, des porteurs croisent un cheval de bât.

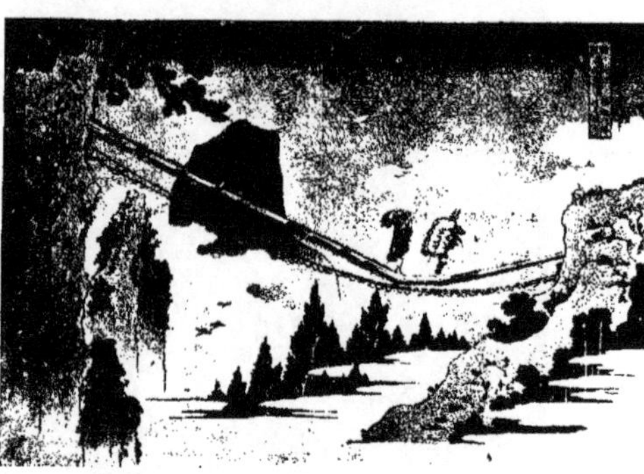

N° 827.

Dix petites feuilles, caricatures, genre « To-ba-yé ». Signées Hokou-saï.

831. La leçon d'escrime. Deux hommes luttent avec des sabres de bois sous l'œil sévère de leur professeur.

832. *Les « nomi »* (puces). Un mari et sa femme se livrent à une chasse mouvementée.

833. *Les « shirami »* (poux). Ébahissement de deux personnages à la vue d'un vêtement qui semble marcher tout seul.

834. *L'apothicaire.* Pendant que son épouse actionne un soufflet, un homme hache des plantes avec un instrument de forme bizarre.

835. *Les lunettes.* Un gamin s'exclame en voyant ses parents essayer des binocles dont les verres grossissent démesurément les yeux.

836. *Le billet doux.* Tout en tirant de l'eau d'un puits, un joli jeune homme tend une lettre à une servante bien en chair.

837. *L'anguille.* Trois paysannes fuient à toutes jambes à la vue d'une énorme anguille.

838. *Position intéressante.* Une femme a l'air de reprocher à son époux ses privautés à l'égard de leur servante, laquelle expose en larmoyant son cas plutôt embarrassant.

839. *Où courent-ils ?* Deux hommes courent à toutes jambes.

840. *La partie de « gô »* (sorte de jeu de dames). Pendant que l'un des joueurs se livre à une savante stratégie, son partenaire le regarde en fumant sa pipette.

Fou-ji san djou rok-keï. Trente-six vues du mont Fou-ji. Suite de trente-deux planches, grand format en largeur, signées : zën Hokou-saï I-itsou.

841. — « Ni-hon bashi » à Yédo.

842. — Magasin de Mitsou-i, dans Sourou-ga tcho (rue de Yé-do). Les couvreurs.

843. — Vue de Ko-ishi-kava (à Yé-do), le lendemain du jour que la neige est tombée.

844. — Vue du temple Hon-gwan-ji à Asa-kousa (Yé-do).

845. — Vue du pont Rio-gokou et de l'endroit nommé O mouma-ya (à Yédo), au soleil couchant.

846. — Village de Séki-ya, sur les bords de la Soumi-da. Les trois cavaliers.

847. — Sën-jiou, village de la province de Bou-shiou. Cheval rouge et pêcheurs.

848. — Par-dessous le pont Man-nën bashi, au quartier de Fouka-gava (Yé-do).

849. — Estampe appelée « spirale du temple Go-hiakou ra-kan », à Yé-do. Les touristes sur la terrasse regardant le Fou-ji.

850. — L'îlot de Tsoukouda, province de Bouyo (ou Mousashi).

851. — Moulin à eau dans le village de In dën, province de Mousashi.

852. — Vue de la rivière Tama-gava, dans la province de Bo-shiou.

853. — Ligne de navigation de la province de Kadzou-sa. La jonque.

854. — Oushi-bori, dans la province de Djo-shiou. La grande barque auprès du bord.

855. — La grande vague au large de Kana-gava dans la province de Saga-mi.

856. — Hodo-ga-ya, station du « to-kaï-do ». Cavalier et « norimono » dans une allée de pins.

857. — Rivage appelé Shitchi-ri-ga hama, dans la province de Saga-mi.

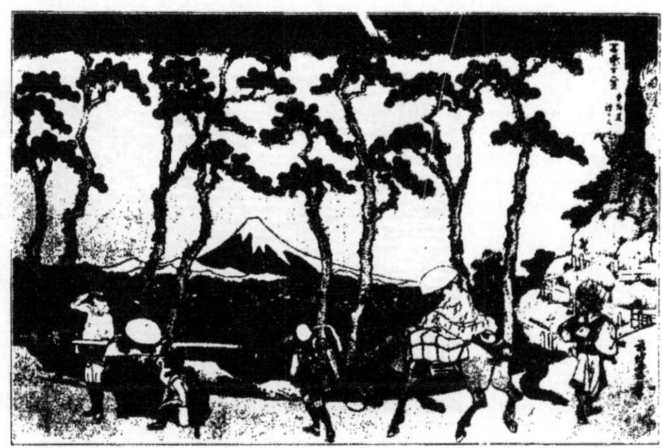

N° 856.

858. — L'île de Eno-shima, dans la province de Saga-mi. Passage du gué.

859. — La campagne de Oumé-zava-zaï, province de Saga-mi. Les grues.

860. — Hako-né dans la province de Saga-mi. Le lac.

861. — Le mont Fou-ji, quand il fait beau temps.

862. — Le mont Fou-ji, après une ondée. L'éclair.

863. — Village de Yé-djiri, dans la province de Sourou-ga. Le coup de vent.

864. — Vue du rivage de Tago à Yé-djiri (station du « to-kaï-do »), dans la province de Sourouga. Les deux grandes barques jaunes.

865. — Vue prise dans les montagnes de la province de Toto-mi. Le scieur de long.

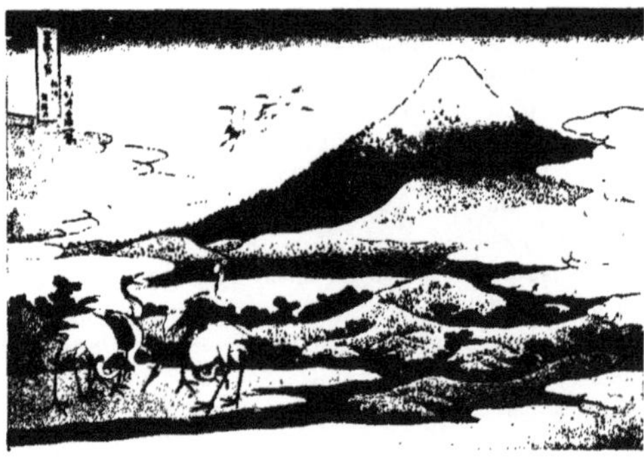

N° [illegible]

866. — Yoshi-da dans la route du To-kaï-do. La tcha-ya.

867. — Fou-ji-mi-hara, dans la province de Bi-shiou. Le tonnelier.

868. — Passage en haut de la montagne Inou-mé, dans la province de Ko-shiou. Chevaux et porteurs gravissant la montagne.

869. — Mi-shima dans la province de Ko-shiou. Le gros arbre.

870. — Surface de l'eau Mi-zaka, province de Ko-shiou. Le reflet de la montagne.

871. — Ishi-boutchi-zava, localité au bord de la mer, dans la province de Ko-shiou. Pêcheur à la pointe d'un rocher.

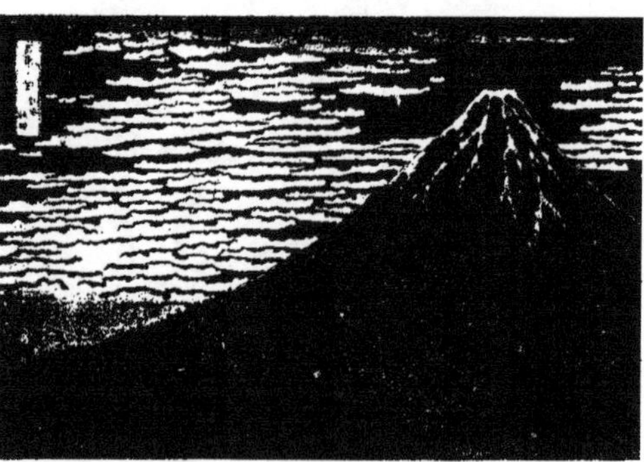

N° 862.

872. — Lac de Sou-wa, province de Shina-no. Cabane de pêcheurs adossée à des pins tourmentés.

Oura no Fou-ji. Deux planches, signées comme les précédentes.

873. — Troupe de « samouraï » armés de fusils enveloppés dans des étuis.

874. — « Nori-mono » croisant des chevaux au bord d'un torrent.

875. Petit format carré. « To-ba-yé ». Ouvriers occupés à moudre et à tamiser. Signé : Hokou-saï.

876. — A l'abri d'un vieux saule, deux jeunes femmes lavent des feuilles au bord de la rivière ; un enfant les regarde. Signé : Gwa-kyo-jin Kokou-saï.

877. — La tête couverte d'un morceau de tissu bleu et la barbe taillée en fer à cheval, un marchand ambulant est assis près de sa marchandise. Signé : Taï-to.

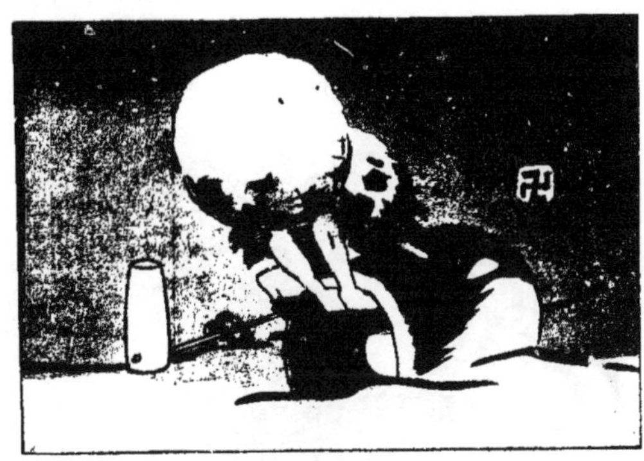

N° 884.

878. « Souri-mono » en hauteur. Jeune femme assise sous une vérandah. Signé : So-ri.

879. — Deux femmes élégantes suivies d'un enfant portant un paquet devant une barrière garnie d'affiches. Idem.

880. — Une charmante artiste accoudée sur sa table de travail et une jeune fille regardent un chat jouant avec un papillon. Non signé.

881. Petit format en hauteur. Revenant entr'ouvrant une moustiquaire. Planche de la série des fantastiques. Signé : Zên Hokou-saï.

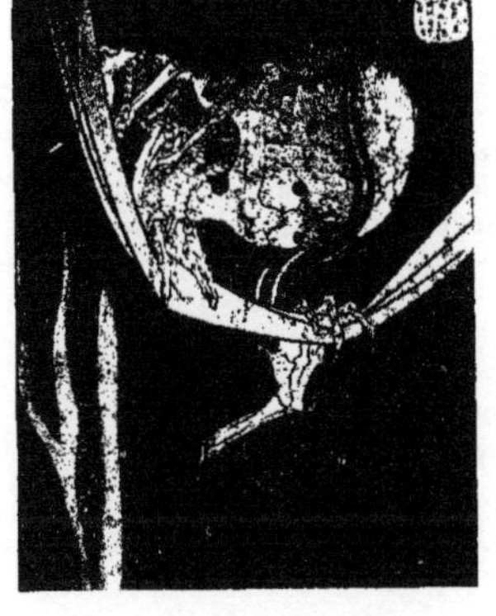

N° 881.

882. Format en largeur. Deux « sho-jo », l'un assis joue d'une flûte faite avec un roseau, l'autre debout, tenant un éventail d'une main et de l'autre une grande cuiller qu'il porte sur l'épaule, se dirige vers un grand vase rempli de « saké » entouré de plantes fleuries. Signé : Hokou-saï Taï-to.

883. — Un papillon vole au-dessus d'une pivoine. Signé : I-itsou.

884. Petite estampe en largeur. Homme couvert d'un manteau de paille et d'un grand chapeau de même matière, relevant son mortier enfoui dans la neige. Signé : Taï-to ; et sur un cachet « man ».

885. — Une chauve-souris vole près du croissant de la lune. Idem.

886. Petit format en largeur. Deux enfants font de la gymnastique sur une grosse ancre de marine. Cette estampe et la suivante font partie d'un « to-kaï-do » fort recherché ; signé : Hokou-saï.

887. — Deux servantes d'auberge sollicitent vigoureusement deux voyageurs récalcitrants.

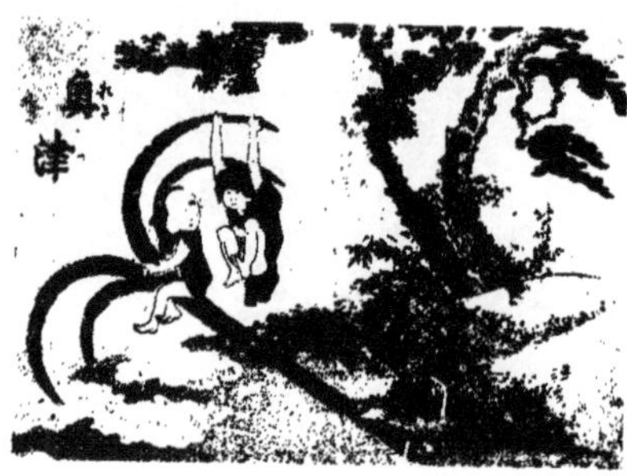

N° 886.

888. Autre « to-kaï-do ». Deux petites planches en largeur, signées Gwa-kyo-jïn Hokou-saï. Jeune femme cousant à la clarté d'une lanterne.

889. — Jeune femme se coiffant devant son miroir.

890. « Souri-mono » en largeur. Un personnage assis près d'un « hi-bashi » cause avec une jolie femme.

SHIN-SAI

(XVIIIe ET XIXe SIÈCLES).

891. Grand « souri-mono » en largeur. Un « shamisën » et un livre ouvert posés sur un tapis sous un gros cerisier fleuri auquel est attachée une draperie armoriée. Signé : Shïn-saï.

892. « Souri-mono » en largeur. Un « tsoui-taté » (écran) décoré d'une danseuse dans le style de Moro-nobou et d'un arbre en fleurs, est dressé près d'une table supportant une jardinière. Idem.

893. — La peinture. Assise près d'un artiste peignant un « kaké-mono », une jeune femme décore des éventails. Autour d'eux, plusieurs personnes sont groupées de la façon la plus heureuse. Des peintures sont accrochées au mur et, par les baies largement ouvertes, on aperçoit des cerisiers en fleurs, plus loin le mont Fou-ji tout blanc de neige. Sur le mur est accrochée la mention suivante : « petits dessins de Boun-ka », le « nengo » Boun-ka va de 1804 à 1817). Signé : Shïn-saï.

894. — « Souri-mono » en hauteur. Près d'un « tori-i » une jeune femme conduit par la bride un cheval blanc portant des emblèmes religieux. Idem.

895. — Deux jardinières garnies d'arbres nains et de plantes fleuries. Idem.

HOKOU-TAI

(XVIIIe ET XIXe SIÈCLES).

896. « Souri-mono » en largeur. Une jeune femme au seuil de sa demeure regarde le soleil se coucher. Signé : Hokou-taï.

897. « Souri-mono » en hauteur. Tenant par le fourreau un sabre énorme, un personnage portant favoris, et dont le kimono ouvert laisse voir le torse, semble attendre ses adversaires. Idem.

898. — Un lutteur domine de son torse énorme un adversaire d'aspect moins robuste qui semble le braver. Idem.

HOKOU-JIOU

(DÉBUT DU XIXe SIÈCLE.)

899. Grand format en largeur. Vue du temple Kin-riou-zan et du parc Asa-kousa à Yé-do. Signé : Sho-teï Hokou-jiou.

900. — Des jonques, les voiles gonflées par le vent, passent auprès d'un îlot couvert de sapins. Idem.

901. — Une barque de pêche montée par huit hommes ramant quitte un petit port près d'une grotte. Idem.

902. — Le pèlerinage à I-sé. Des voyageurs arrêtés sur le rivage regardent deux roches dressées dans les flots et reliées par une tresse de paille ; ce détail indique leur caractère sacré. Idem.

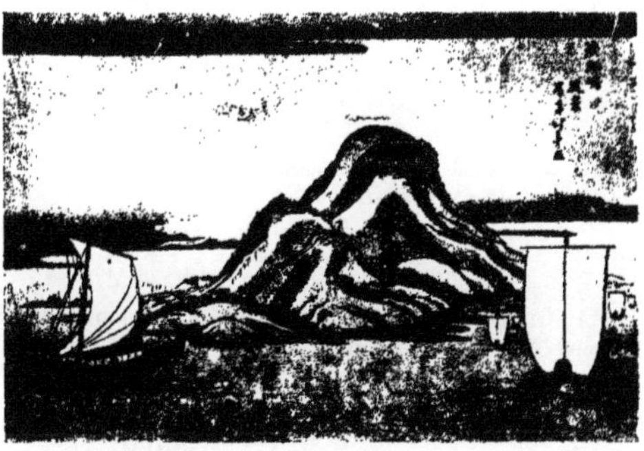

N° 900.

903. — Une jeune femme à cheval accompagnée de deux hommes suivent le rivage rocheux à Eno-shima. Idem.

TEI-SAI-HOKOU-BA

(PREMIÈRE MOITIÉ DU XIXe SIÈCLE.)

904. « Souri-mono » étroit en hauteur. Une dame de la cour en somptueux costume tient un éventail. Signé : Hokou-ba.

905. — Une élégante courtisane marche en relevant gracieusement ses kimono. Idem.

906. Petit format carré. Deux jeunes femmes et un enfant sous une vérandah. Idem.

HOKOU-GA

(PREMIÈRE MOITIÉ DU XIXe SIÈCLE.)

907. Grand souri-mono. Une « djoro » les cheveux dénoués, vêtue somptueusement, s'avance entre ses deux petites « kamouro ». Elle est accompagnée d'une autre courtisane et d'un serviteur tenant un grand parasol au-dessus de sa tête. Signé : Hokou-ga.

908. Petit format carré. Une sorte de crapaud monstrueux assis sur un concombre. Idem.

HOK' KEI

(PREMIÈRE MOITIÉ DU XIXe SIÈCLE).

909. Souri-mono carré. Quatre enfants et leur père s'apprêtent à enlever un énorme cerf-volant. Signé : Hok'keï.

910. — Une grande dame chinoise joue d'une sorte de « biwa ». Idem. Daté de la 3e année de Tën-po (1832).

911. Souri-mono en largeur. Un enfant grimpé sur le dos de sa maman accroupie près d'un écran orné d'un coq perché sur un saule. Idem.

912. « Hoso-yé ». Un « oni » près de ses bagages se dispose à écrire. Idem.

SÉKI-YEN ?

(XVIIIe SIÈCLE).

913. — « Naga-yé ». Une jeune femme, les mains jointes, contemple un personnage lisant une lettre. Signé : Séki-yën ?

SÉKI-JO

(XVIIIe SIÈCLE).

914. Grand format en hauteur. Une jeune femme semble fort attristée ; derrière elle, son amoureux, dont la tête est couverte d'un linge, la regarde tendrement. Signé : Séki-jo.

915. — La leçon d'écriture. Un jeune homme conduisant la main d'une jeune femme, lui apprend à tracer un caractère. Idem.

TCHO-KI

(XVIIIe SIÈCLE).

916. Petit format en hauteur. Assises près d'un « koto », une jolie courtisane et sa « kamouro » regardent un vieux « matsou » nain planté dans une jardinière. Signé : Tcho-ki.

RIOU-KOKOU

(XVIIIe SIÈCLE).

917. Grand format en hauteur. Musicienne au costume vert accordant son « shamisën ». Signé : Riou-kokou.

918. — Une courtisane au somptueux costume debout près d'une jardinière d'où sort un beau pied de chrysanthèmes. Idem.

919. — Vêtues de kimono décorés de chrysanthèmes et de liserons, deux belles « djo-ro » regardent attentivement des livres illustrés. Idem.

KITA-GAVA OUTA-MARO
(1753-1806).

920. Triptyque. Cette composition nous montre la salle principale d'une « djo-ro-ya » (maison verte) où se trouvent groupées de la plus charmante façon tout un essaim de jolies courtisanes vêtues de costumes aussi somptueux que variés. Signé : Outa-maro.

921. « Naga-yé ». Deux jolies courtisanes se promènent en grand toilette. Idem.

922. — Un beau jeune homme se tient derrière une charmante « djo-ro » portant un « kimono » rose orné de chrysanthemes. Idem.

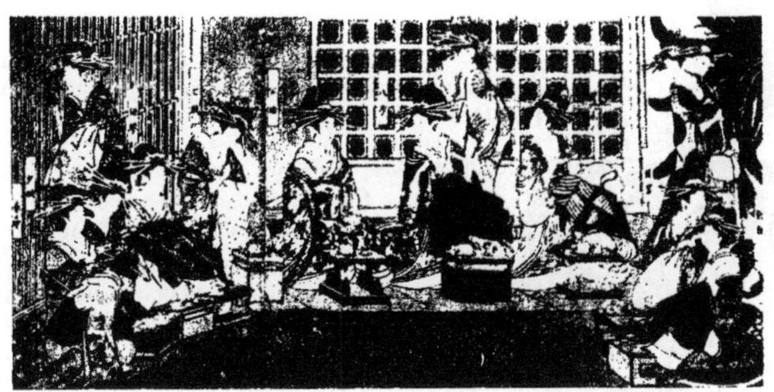

N° 920.

923. « Hoso-yé ». Kïn-toki, l'enfant rouge, porte sur l'épaule sa hache ébréchée. Derrière lui, sa mère debout s'évente. Idem.

924. Grand format en hauteur. Jeune femme au « kimono » quadrillé représentée en buste. Idem.

925. — Une jeune servante rajuste la coiffure d'une élégante courtisane. Idem.

926. — Fou-riou-shitchi Ko-matchi. Sept représentations populaires de la poétesse Ko-matchi. Cette planche nous montre une toute gracieuse jeune femme tenant de la main gauche une lettre commencée et de l'autre son pinceau. Idem.

927. — Assise sur une banquette, une jeune femme, dont le « kimono » entr'ouvert laisse apercevoir la gorge, fume sa pipette au clair de lune. Une fillette se tient debout devant elle. Idem.

928. — Deux dieux du bonheur, l'un Yébisou, élevant au-dessus de sa tête un plat contenant une grosse dorade rose, l'autre Daï-kokou en train de compter aux applaudissements d'une « djo-ro » et de sa « kamouro ». Idem.

929. — Scène de « matsouri » (fête). Un trio de danseurs exécute un pas animé devant des plants fleuris de chrysanthèmes. Idem.

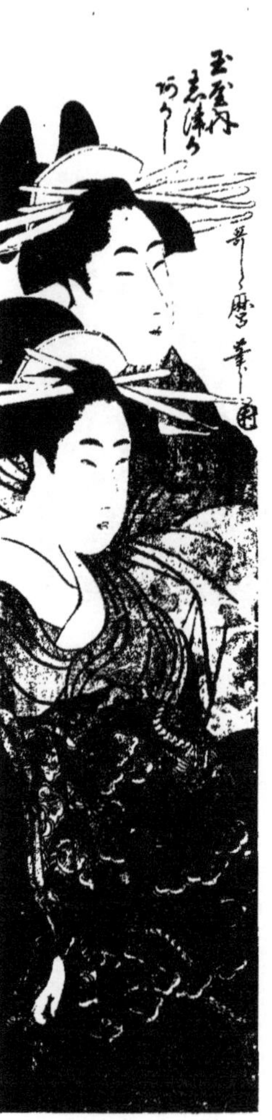

N° 921.

930. — Une jolie courtisane vêtue de « kimono » roses décorés de fleurs et de papillons tient dans ses bras un superbe chat noir et blanc.

931. — Tout en se disposant à écrire, une jeune courtisane assise sur les « tatami » (sortes de nattes) semble consulter une de ses compagnes debout près d'elle. Derrière celle-ci se tient une petite « kamouro ». Idem.

932. — Deux jeunes filles : l'une tient une raquette, l'autre a l'air de se gratter la tête avec une de ses épingles. Idem.

933. — Une jeune femme dont le « kimono » entr'ouvert laisse apercevoir la gorge, achève sa coiffure devant un miroir. En haut, à droite est un enroulement de volubilis. Idem.

934. — Une jolie courtisane se dispose à écrire ; derrière elle sa petite « kamouro » apporte une pile de livres. Idem.

935. — Kin-toki, l'enfant rouge, coiffe sa mère Yama-ouba. Idem. Estampe reproduite dans : B. A. J., n° 719.

936. — Les petits lutteurs. Idem.

937. — Une belle femme de Yoshi-hara portant sur son kimono rouge une ceinture décorée de pivoines, s'avance entre deux petites « kamouro ». Idem.

938. — Dans un restaurant à la mode un groupe dîne, un autre discute sur l'addition, pendant qu'au premier plan une servante portant un plateau chargé de victuailles, cause avec une jeune femme assise près d'un enfant. Idem.

939. — *Le dragon.* Une jeune femme dont le kimono entr'ouvert laisse voir la gorge et la jambe, regarde deux bambins s'amusant avec des minuscules attributs de fêtes religieuses. Non signé. Cette planche et la suivante font partie de la série des douze signes du zodiaque.

940. — *Le serpent.* Un gamin tenant un petit serpent articulé le présente à sa maman qui feint d'en avoir grand' peur. Signé : Outa-maro.

941. — Deux courtisanes gracieusement présentées en de frais kimono roses décorés de fleurs de cerisiers et de pivoines. Idem.

942. — Une jeune femme presse tendrement le bras de son amoureux. Idem.

943. — Près de son amoureux une jolie courtisane tient une cage à mouches d'une main et de l'autre un écran. Idem.

944. Format en largeur. Foule de promeneurs passant sous un large « tori-i » se dirigeant vers un temple situé dans une petite île. Signé : Outa-maro.

945. — Tenant en main sa « biwa » (sorte de guitare) la déesse Bĕn-tĕn s'avance à cheval au milieu de soldats et de serviteurs chinois. Idem.

946. — Philémon et Baucis. La vieille Takasago tenant un balai et son époux un rateau sont tous deux occupés sous un énorme « matsou ». Idem.

947. Grand format étroit en hauteur. Une jeune femme suivie d'un domestique portant un panier. Idem.

Deux estampes, petit format en hauteur, impression noire, représentant des signes du zodiaque japonais, signées : Outa-maro.

948. La chèvre, sous un saule.

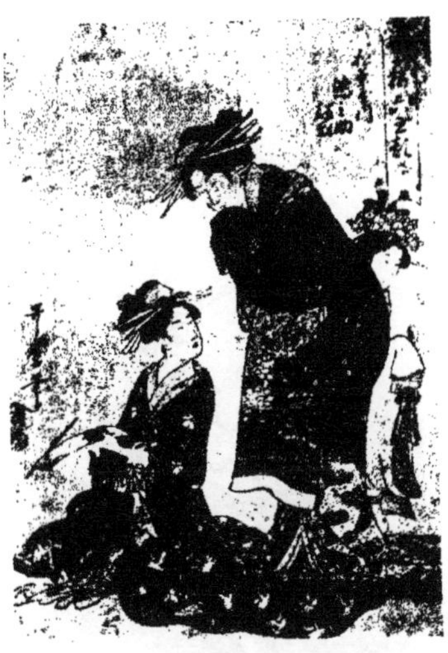

N° [illegible]

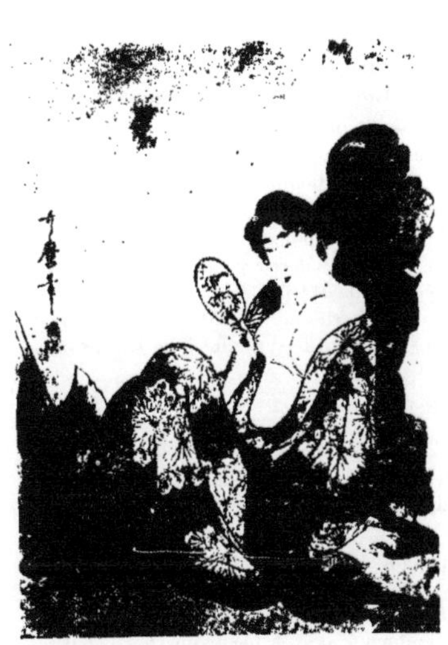

N° 935.

949. — Les tortues, nageant dans un courant.

950. Format en hauteur. Une cigogne sur un gros « matsou » près de son nid. Signé : Outa-maro.

951. — Cerisier nain en fleurs planté dans une jardinière carrée. Idem.

952. — Un singe assis sur un treillage parquet de bambou tient à bout de bras une corbeille dans laquelle pousse un néflier chargé de fruits. Ce gracieux motif de jardinière est imprimé en noir et bistre. Idem.

953. Petit format en hauteur. Une jeune femme et deux enfants, l'un portant un filet, suivent le rivage. Signé : Outa-maro.

954. — Une jolie fille arrivant à l'improviste derrière son amoureux, lui cache les yeux de ses deux mains. Idem.

955. — Assise près d'un beau jeune homme une jolie fille semble bouder. Idem.

956. — Jeune femme lisant auprès de son amoureux qui joue du « shamisen ». Idem.

957. Petit format carré. Une petite servante juchée sur le long crâne de Foukou-rokou range dans un placard des paquets que lui passe le dieu joyeux. Derrière lui une jolie femme essuie une table en laque noir. Idem.

958. — Deux jeunes femmes et un jeune homme passent devant une « tcha-ya ». Idem.

959. Petit format en largeur. Une jolie courtisane jouant du « koto ». Idem.

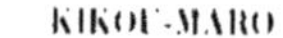

KIKOU-MARO

(FIN DU XVIIIe SIÈCLE).

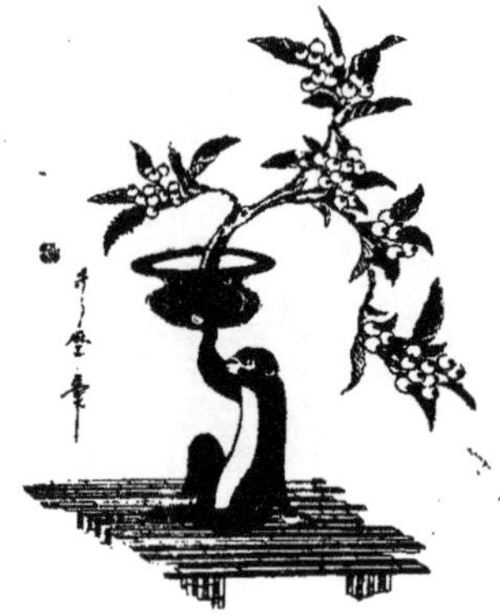

N° 952.

960. Format en hauteur. Une jeune femme est assise près de sa compagne qui s'exerce au tir à l'arc. Signé : Kikou-maro.

961. — Un manteau violet jeté sur ses kimono roses, une jolie « djo-ro » regarde un livre illustré. Idem.

962. — Deux jolies courtisanes, l'une tenant sa pipette, l'autre renouant sa ceinture. Idem.

963. — Deux femmes se tiennent près d'un « nori-mono » d'où sort une jolie fille souriant à un beau jeune homme pendant que l'un des porteurs leur tire la langue. Idem.

964. — Une jeune servante chargée d'un plateau est debout derrière une « ghé-sha » qui tient son « shamisen » d'une main et de l'autre une coupe à saké. Idem.

965. — Quatre personnages exécutant un pas de danse burlesque. Idem.

966. — Un jeune homme interrompant sa lecture se retourne vers une jolie courtisane à la mine éplorée. Idem.

TSOUKI-MARO

(DÉBUT DU XIXe SIÈCLE).

967. Format en largeur. « Ouki-yé ». Vue de la scène et de la salle toute remplie de spectateurs d'un des grands théâtres de Yé-do. Estampe mesurant : Larg. : 0[m],40; haut. : 0[m],29. Signé : Ki-ta-gava Tsouki-maro.

968. Triptyque. Une « djo-ro » (courtisane) installée devant son miroir tenant dans sa main gauche un bol contenant du « béni » (rouge) et dans l'autre son pinceau, va se faire les lèvres, elle regarde attendrie une jolie fillette fort intimidée par le luxe du lieu et qui se prosterne devant elle avec respect. D'autres courtisanes semblent s'amuser beaucoup de l'embarras de la pauvrette. Signé : Tsouki-maro.

969. Format en hauteur. Trois jeunes femmes en promenade. Idem.

SHIKI-MARO

(DÉBUT DU XIXe SIÈCLE.)

970. Grand format en hauteur. Le nid. Une courtisane au kimono décoré d'hirondelles de mer donne à manger à une nichée de petits oiseaux. Signé : Shiki-maro.

971. — Somptueusement drapée dans un kimono décoré de grosses carpes, une « djo-ro » accroupie fume sa longue pipette. Idem.

972. — Une élégante « djo-ro » écrivant une poésie. Idem.

KA-BOU-KI-DO YEN-KYO (1)

(XVIIIe SIÈCLE.)

973. Grand format en hauteur. Portrait d'acteur dans un rôle de femme. Signé : Ka-bou-ki-do Yĕn-kyô B. A. J., n° 744.

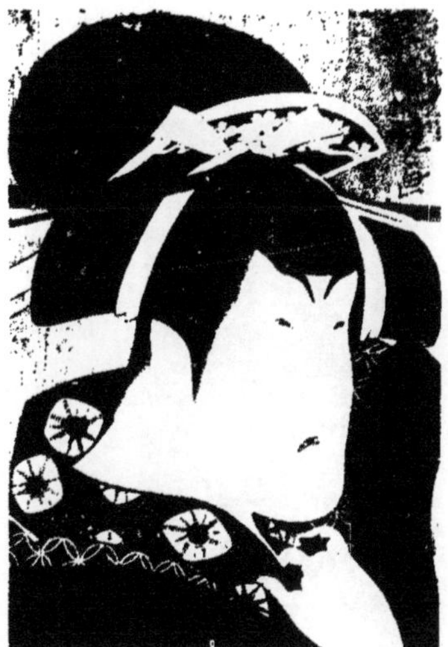

N° 973.

BOUN-RO, SO-RIN, SEK-KO

(FIN DU XVIIIe SIÈCLE.)

974. Format en largeur. « Ouki-yé ». Promeneurs cheminant sur les bords de la Soumi-da en vue du pont Ryo-gokou. Signé : Ghio-kou-sĕn Boun-ro.

975. Format en hauteur. Une jeune femme accoudée sur un « tsoui-taté », représentant un tigre sortant d'une forêt de bambous, regarde les ébats d'un petit hercule armé d'un sabre de bois. Signé : So-rĭn.

976. Grand format en largeur. « Ouki-yé ». Vue du temple et du parc de O-ji. Planche d'un caractère très particulier. Signé : Sek-ko.

GHIOKOU-SEN SHIOU-TCHO

(XVIIIe SIÈCLE.)

977. Format en largeur. Foule de promeneurs endimanchés devant la porte des « Ni-ho » au temple de Kĭn-riou-zan à Asa-kousa, quartier de Yé-do. Signé : Ghiokou-sĕn Shiou-tcho.

(1) Ainsi qu'on a pu le lire dans la notice consacrée à cet artiste dans B. A. J., il y a lieu de penser que Yen-kyo et Sha-rakou n'ont été qu'une seule et même personne.

978. — Le feu d'artifice au pont de Rio-gokou à Yé-do. Le fleuve est sillonné de barques illuminées et la foule très nombreuse sur le pont se promène aussi sur la rive bordée de « tcha-ya ». Idem.

TCHO-KO-SAI

(DÉBUT DU XIXe SIÈCLE).

979. « Hoso-yé ». De son sabre qu'il tient à deux mains, un gros homme pare, en les coupant, les nombreuses flèches qu'on lui décoche; pourtant, un certain nombre de ces engins sont fixés dans le dos du personnage qui nesemble point s'en soucier. Signé : Tcho-ko-saï.

980. — Un acteur représentant un des fidèles « ro-nïn » en costume de pompier, debout et tenant une lanterne à la main. Temps de neige. Non signé.

981. — Buste d'acteur en costume de guerrier tenant sa pipe de la main droite. Signé : Tcho-ko-saï.

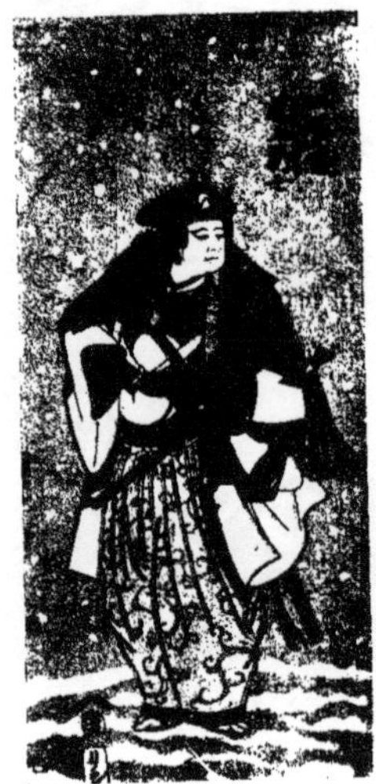

N° 980.

SEP-PO

(DÉBUT DU XIXe SIÈCLE).

To-shi hak-keï (Huit jolies vues de Chine). Deux estampes, petit format en largeur, signées : Sep-po.

982. — Deux jonques vont accoster un petit port de la côte de Chine.

983. — Une pagode construite sur pilotis : au loin la lune se lève derrière de hautes montagnes.

SHIGHÉ-TOSHI ? ET DIVERS

984. Grand format en hauteur. Un personnage portant dans ses bras un petit enfant, est suivi par une bande de gens armés dont il semble être le chef. Tous ces hommes, aux allures de bandits paraissent consternés. Signé : Shighé-toshi ?

Grand format en largeur. Cinq planches de fleurs par différents maîtres.

985. — Un cep de vigne d'où pendent deux grappes de raisin. Signé : Boun-tcho.

986. — Rose trémière. Signé : Bou-seï.

987. — Chrysanthèmes jaunes et blancs. Signé : Bou-itsou.

988. — Iris et libellule. Signé : Oun-po.

989. — Branche de néflier. Signé : Oun-tan.

INCONNU

990. « Naga-yé ». Un personnage de la manche duquel s'échappe une lettre est observé par une jeune femme placée au-dessus de lui.

TISSUS ANCIENS

991. — Des cavaliers, marchands, bourgeois et gens du peuple vetus à la mode des contemporains de Okou-moura Masa-nobou (qui en fit peut-être le dessin). Ce morceau de tissu de soie nous offre une gamme de rose, de vert et de bleu du plus agréable effet. Fin du XVII° siècle.

992. Tissu de soie décoré d'enfants jouant, bleus, vert, havane sur fond bis. XVIII° siècle.

993. — Même sujet, en couleurs plus claires sur fond vert bleu très foncé. Idem.

994. — Joli paysage des environs de Kyo-to, bleu et havane sur fond gris jaune. Idem.

995. — Pagode entourée d'arbres. Havane sur fond bleu marine. Idem.

996. — Les trente-six du Fou-ji, de Hokou-saï. La grande barque, le pêcheur à la pointe d'un rocher, la cabane de pêcheurs. En bleu et vert sur fond jaune. Idem.

997. — Un village chinois où l'on voit des personnages devant une maison et d'autres sur un pont, au dessous duquel nagent des canards. Bleu et or sur fond blanc. Idem.

998. — Coqs, poules et poussins en de belles tonalités rouges, bleues, vertes et violettes sur fond jaune vif. Idem.

999. — Personnages tirés des exemples des vertus chinoises, l'homme déterrant des pousses de bambous, etc... En rouge, vert, bleu et or sur fond havane clair. Idem

1000. — Des grands personnages sortent d'une maison construite au milieu d'un parc, en bleu, grenat, et or sur fond brun très foncé. Idem.

1001. — Temples au milieu d'un parc où se voient des cerisiers en fleurs, noir et or sur fond tabac. Idem.

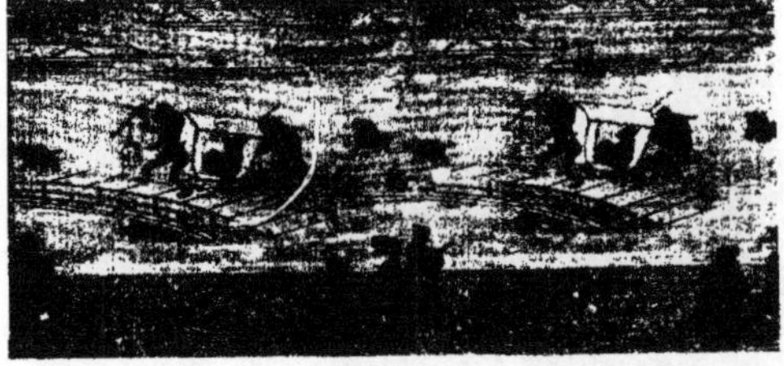

N° 1004.

1002. — Petits tableaux représentant le Yoshi-hara au temps des cerisiers en fleurs, et un temple entouré d'arbres. En brun, rose et rouge sur fond crème orné d'un semis de fleurs de cerisier. Idem.

1003. — Paysage maritime, brun et blanc sur fond jaune.

1004. — Profilés à la façon des ombres chinoises, deux hommes portant un « kan-go » dans lequel un voyageur est assis passent sur un pont où se voient aussi deux « toutous ». Plus bas des passants vont et viennent au clair de lune. Noir et blanc sur fond gris jaunatre. Idem.

1005. — Dans une rue bordée de « tcha-ya » un homme portant une lanterne précède un domestique abritant sous un immense parasol une « djo ro » et ses deux « kamouro ». Traité de la même façon que le précédent, mêmes tonalités.

1006. — Coq et poule picorant. Brodés. En rouge, jaune, noir, blanc et vert sur fond tabac.

PEINTURES

ÉCOLE CHINOISE

1007. **Sô Ses-shiou. XVe siècle.** — Foukou-rokou est représenté ici avec une physionomie toute spéciale : le front disparaît presque, devant l'expression si particulière du visage. Ses-shiou a voulu sans doute reproduire, sous la forme de ce dieu bizarre, les traits de quelque philosophe entrevu lors de son séjour en Chine. Œuvre remarquable par l'intensité de la vie et la puissance du pinceau. La signature : Ses-shiou est placée en bas, à droite.

Kakémono à l'encre : Haut. : 1m,13 ; larg. : 0m,42. B.A.J., no 1.

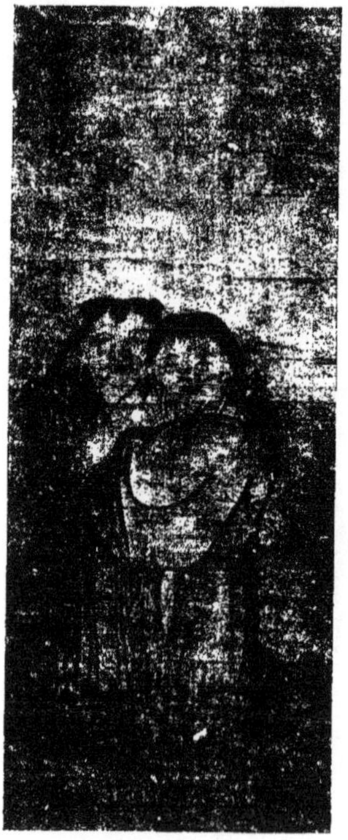

No 1011.

1008. **Sô Ses-shiou.** — Un vieillard marche péniblement, suivi d'un énorme bœuf, qu'il conduit avec une corde passée dans le mufle de l'animal. Composition d'une facture très chinoise, portant en haut, à gauche, la signature : Ses-shiou. Kakémono à l'encre, sur papier. Larg. : 0m,49 ; haut. : 0m,345. B.A.J., no 3.

1009. **Sô Ses-shiou.** — A gauche, dans les montagnes, parmi les sapins, les bâtiments du temple Seï-kën-ji, dominés par sa tour aux toitures superposées. Au premier plan, une petite ville à l'abri des rochers, au bord de la mer. Près de là, quelques barques. Plus loin, au centre, un village de pêcheurs, dans une vallée reliée par une route au pied du Fou-ji. Des îlots et des montagnes se perdent, vers la droite, à l'horizon. Un cachet rouge, en haut, à gauche, porte : To-yo.

Kakémono à l'encre, sur papier. Larg. : 0m,96 ; haut. : 0m,555. B.A.J., no 4.

1010. **Sô Ses-shiou.** — Un héron, perché sur sa patte droite, au bord de l'eau, retourne la tête. Le bec est ouvert, la patte gauche repliée sous le corps. Cette belle peinture est exécutée à l'encre légère, relevée par des accents vigoureux d'un noir intense. Un cachet, à gauche, porte : To-yo.

Kakémono sur papier. Haut. : 0m,80 ; larg. : 0m,34. B.A.J., no 6.

1011. **Shïn-so So-a-mi. XVe siècle.** — Kan-zan et Ji-tokou nous apparaissent ici tous deux en joie. Cette composition montre bien le style chinois de l'École à laquelle appartenait Shïn-so, et aussi la grande habileté de ce maître. En bas, à droite, un cachet, en forme de vase, porte : Kan-gakou.

Kakémono, sur papier. Haut. : 0^{m},88; larg. : 0^{m},35. B.A.J., n° 8.

L'ÉCOLE DE KA-NO.

1012. **Ka-no Moto-nobou. XVe siècle.** — Sur un vieil arbre tordu, aux branches défeuillées des passereaux chantent et s'agitent. En bas, à gauche, un cachet, en forme de vase, porte : Moto-nobou.

Kakémono à l'encre, sur papier. Haut. : 1^{m},06; larg. : 0^{m},56. B.A.J., n° 13.

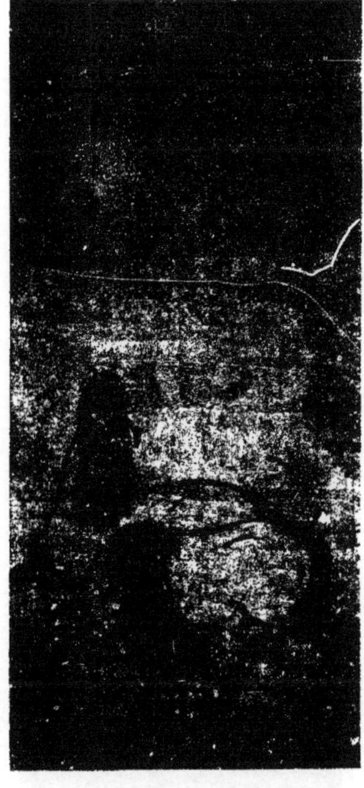

N° 1013.

1013. **Ka-no Moto-nobou** (Attribué à). — Deux chevaux sont couchés à l'abri d'un rocher. L'un allonge la tête sur le sol; l'autre la dresse et regarde au loin. Cette peinture, d'une habileté extrême, exécutée à l'encre, sur papier, en quelques audacieux coups de pinceau, est digne du grand maître à qui elle a été attribuée.

Haut. : 1^{m},03; larg. : 0^{m},455. B.A.J., n° 16.

1014. **Ka-no Sho-yeï. XVIe siècle** (Attribué à). — Un paon sur un vieux cerisier fleuri. Peinture, sur papier, d'une grande douceur et d'une harmonieuse richesse. Rouges atténués, roses tendres, jaunes clairs et gris sont habilement mis en valeur parmi les bruns, les noirs et les rehauts d'or des plumes. Les fleurs de l'arbre aux branches tordues forment à l'oiseau un cadre somptueux.

Haut. : 1^{m},46; larg. : 0^{m},45. B.A.J., n° 17.

1015. **Ka-no Sho-yeï** (Attribué à). — Ce kakémono, pendant du précédent, nous montre un oiseau de Hô (phénix) volant au-dessus d'une cascade, près de laquelle a poussé un kiri (paulownia japonica). Les feuilles d'un vert tendre et les fleurs font valoir le riche plumage de l'oiseau.

Haut. : 1^{m},46; larg. : 0^{m},45. B. A. J., n° 18.

1016. **Ka-no Sho-yeï** (Attribué à). — Ce paravent de six feuilles (formant paire avec le suivant) représente un paysage montagneux au bord de la mer. A gauche, au premier plan, un cerisier en fleurs dans les rochers. Au centre, des

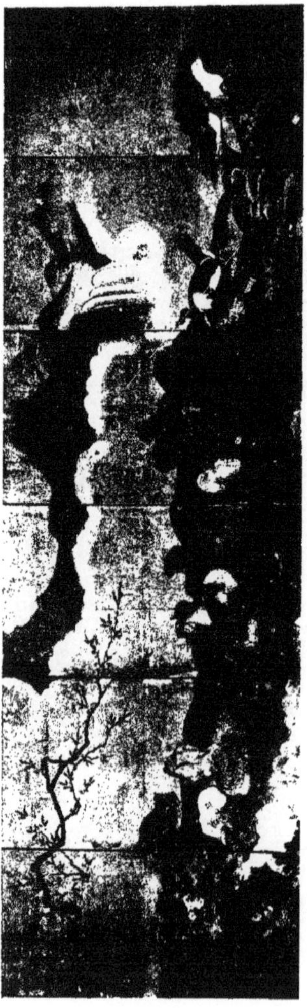

N° 1016.

chevaux sauvages, dans les attitudes les plus variées, dont quelques-uns vont se baigner dans la mer, à droite. Derrière, des nuages et des vapeurs d'or, laissant voir des montagnes et une cascade. On trouve dans cette peinture une réminiscence de l'École de To-sa et les hautes qualités de celle de Ka-no.

Larg. totale : 2m.16 ; haut. : 0m.74. Monture : vieilles soies. B. A. J., n° 19.

1017. **Ka-no Sho-yeï.** (Attribué à). — Ici, la mer est à gauche ; un groupe de chevaux y prend ses ébats. D'autres chevaux, massés auprès d'un arbre fleuri, tachent vigoureusement des nuages d'or, au-dessus desquels de hautes montagnes boisées bornent l'horizon.

Pendant du numéro précédent. B. A. J., n° 20.

1018. **Ka-no Tan-niou. XVIIe siècle.** — Vieille légende chinoise : Un pauvre vieillard, afin de donner aux siens la subsistance nécessaire, s'en va, par le mauvais temps, déterrer des pousses de bambou enfouies sous la neige. En bas, à droite, la signature : Tan-niou-saï, est placée au-dessus d'un cachet, en forme de gourde, portant : Mori-nobou.

Kakémono sur papier. Haut. : 1m.05 ; larg. : 0m.38. B. A. J., n° 22.

1019. **Ka-no Tan-niou.** — Village au bord de la mer. Deux barques, les voiles gonflées, rentrent au port, où quelques bateaux sont à l'encre. A droite, la mer s'étend jusqu'à l'horizon, que bornent, au centre, de hautes montagnes. Un cachet portant : « Ho ghen » Tan-niou est placé au-dessous de la signature : Tan-niou-saï. Kakémono sur papier. Larg. : 0m.61 ; haut. : 0m.315. B. A. J., n° 23.

1020. **Ka-no Yasou-nobou. XVIIe siècle.** — Une oie posée près d'un roseau. C'est l'œuvre d'un artiste absolument sûr de lui, qui n'a pas jugé utile de la pousser davantage, tout y étant bien, tout donnant la juste, la pleine impression de la vie. En bas, à gauche, un cachet portant : Yasou-nobou.

Kakémono à l'encre, sur papier. Haut. : 1m.12 ; larg. : 0m.45. B. A. J., n° 30.

1021. **Ka-no Nao-nobou. XVIIe siècle.** — Grand paravent de six feuilles. La neige charge les branches et le tronc tourmenté d'un vieux cerisier fleuri, ainsi que les feuilles de bambous entrevus dans la brume, que perce péniblement le disque du soleil. Deux tourterelles sont posées sur l'arbre ; un vol d'hirondelles s'élève vers la droite. Cette œuvre remarquable donne l'impression d'une calme matinée de fin d'hiver, alors que le printemps lutte déjà contre les derniers froids. En bas, à gauche, deux cachets superposés. Le premier porte : Shiou-mé ; le second, en forme de brûle-parfum, donne : Nao-nobou.

Larg. totale : 3m,86 ; haut. : 1m,70. Pour monture, une bande d'or très pâle. B. A. J., n° 32.

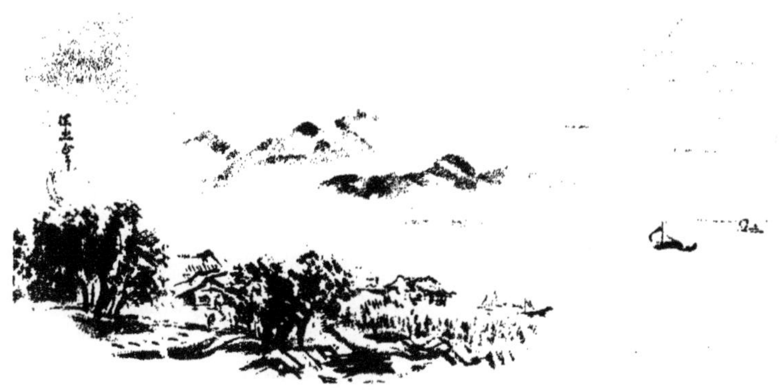

N° 1012.

1022. **Ka-no Nao-nobou.** — Paravent de six feuilles (pendant du précédent). Paysage d'été. Près d'un bouquet de bambous, un faisan fouille le sol du bec, cherchant la nourriture de ses petits. La mère repose auprès d'eux. Des moineaux volent vers les bambous, sur lesquels sont déjà perchés quelques-uns de leurs pareils. Ce paravent, monté comme le précédent, porte en bas, à droite, deux cachets. Sur le premier, on lit : Ka-no ; sur le second, en forme de brûle-parfum : Nao-nobou.

Un certificat, rédigé par Ka-no I-sen, atteste l'authenticité de ces paravents. En voici la traduction littérale : « Je viens de visiter une paire de paravents, de six feuilles chaque, représentant des tourterelles, des bambous, des faisans, des moineaux, de la neige, des fleurs et encore des oiseaux. Je certifie, par le présent écrit, qu'ils sont réellement du vrai pinceau de Ji-téki-sai (surnom de Ka-no Nao-nobou). Signé I-sen in et encore Yei-shin (ce dernier nom de I-sen) au-dessus d'un paraphe. » B. A. J., n° 33.

1023. — **Ka-no Tsouné nobou. XVIIe siècle.** — Grand paravent de six feuilles. Devant un village aux toits de chaume caché dans un vallon au bord de la mer, deux groupes d'arbres, puissamment traités, s'enlèvent en vigueur sur des collines rocheuses qui vont se perdre dans la brume. Au loin, un temple se devine à mi-hauteur d'un pic. En avant, un homme pêche à la ligne, de son bateau, non loin de filets tendus à l'extrémité d'un vaste bouquet de roseaux. Plus loin, un petit îlot ; à l'horizon, quelques barques. Cette peinture rend d'une façon magistrale l'impression d'un paysage japonais en été. Elle est largement brossée au pinceau de paille, procédé qui ne permet qu'une exécution large vigoureuse et sans reprise. La signature : Tsouné-nobou, est placée en bas, à droite au-dessus d'un cachet portant : Yo-bokou.

Encre sur papier. Monture : vieilles soies. Larg. : 3m.72 ; haut. : 1m.69. B. A. J., n° 35.

1024. **Ka-no Tsouné-nobou**. — Paravent de six feuilles (faisant paire avec le précédent). Paysage d'hiver. Sur le devant d'un îlot couvert de maisonnettes, s'élève parmi des rochers, un vieil arbre mi-brisé tout tordu. A gauche, un pont. A droite, un bateau, la voile gonflée. Derrière lui, un autre îlot boisé. Au fond, des montagnes, plus hautes vers la gauche. Une neige épaisse couvre tout le pays. Cette œuvre magnifique donne l'impression de rivages immenses noyés dans la brume de mer. Exécutée à l'aide des mêmes procédés et dans mêmes dimensions que la précédente. Mêmes signature et cachet. B. A. J., n° 36.

1025. **Kano Tsouné-n bou**. — A l'extrémité de la maîtresse branche d'un arbre, au-dessus d'une cascade, un petit oiseau se détache en noir intense sur un fond gris jaunâtre. Œuvre d'une originalité et d'une exécution toutes charmantes. Sur le cachet, en haut, à droite : Yo-bokou.

Kakémono sur papier. Haut. : 0m.31 ; larg. : 0m.49.

1026. **Ka-no Tsouné-nobou**. — Ce paravent de deux feuilles, à l'encre sur papier semé de paillettes d'or, représente des chevaux s'ébattant dans un paysage montagneux. A droite, quelques-uns de ces animaux couchés au pied d'un saule énorme, dont les hautes branches se continuent à gauche, au-dessus d'un groupe de chevaux enchevêtrant leurs galopades ; deux autres se poursuivent ; un dernier se roule voluptueusement. Tsouné-nobou, dans cette peinture, rivalise d'habileté avec son oncle Tan-niou. En bas, à droite, la signature : Ts uné-nobou ; le cachet porte : Fouji-hara.

Ce paravent mesure, avec son encadrement en vieilles soies : larg. : 1m.82 ; haut. : 1m.68. B. A. J., n° 39.

1027. **Ka-no Tsouné-nobou**. — En haut d'un arbre dépouillé, sont perchés quelques corbeaux ; d'autres se dirigent vers eux à tire d'aile. Peinture étroite et haute, très simple et du meilleur goût : de celles que préfèrent les « tcha-jïn » comme ornement de la salle où ils font le « tcha-no-you » (cérémonie du thé). En bas, à droite la signature : Tsouné-nobou, est placée au-dessus d'un cachet portant : Tsouné-nobou no ïn (cachet de Tsouné-nobou).

Kakémono à l'encre sur papier. Haut. : 1m.15 ; larg. : 0m.20.

1028. **Ka-no Naga-nobou. XVIIe siècle**. — Paravent de deux feuilles. A droite, un « shi-shi » (lion chimérique), tenant dans sa gueule une branche de pivoine rose pâle, roule des yeux terribles. A gauche, quelques pieds de pivoine rouges, blanches ou roses, sortent des fentes d'un rocher. Chaque panneau porte : « Ka-no Kiou-hakou, allant dans sa soixante-neuvième année ». Cette magnifique peinture, sur papier, est rehaussée d'or et montée anciennement en papier noire d'or imitant un tissu.

Larg. : 1m.56 ; haut. : 1m.34. B. A. J., n° 54.

ÉCOLE DE SO-GA

1029. **So-ga Ni Tchokou-an. XVIe siècle.** — Posé de profil droit, *un faucon* retourne la tête et agite les ailes. Le bec entr'ouvert, le regard menaçant, les rectrices en éventail, les serres prêtes à quitter la barre, tout concourt à donner à l'oiseau une intense et féroce expression de colère. Sa robe, d'une harmonie somptueuse en sa simplicité, nous montre une gamme de bruns, allant du bitume, qui tache les tempes et le sommet des ailes, aux ocres et aux bistres pâles ; le tout, mis en valeur par les surfaces blanches, burelées de noir sur le cou, la poitrine et le ventre, immaculées aux rémiges moyennes et aux rectrices. Des cordons de soie rouge sont attachés aux liens violets ; le perchoir est en bois naturel. En bas, à gauche, un cachet porte : Ni Tchokou-an.

Ce kakémono et les deux suivants, hauts de 1m,04 et larges de 0m,47, sont peints sur papier. B. A. J., n° 62.

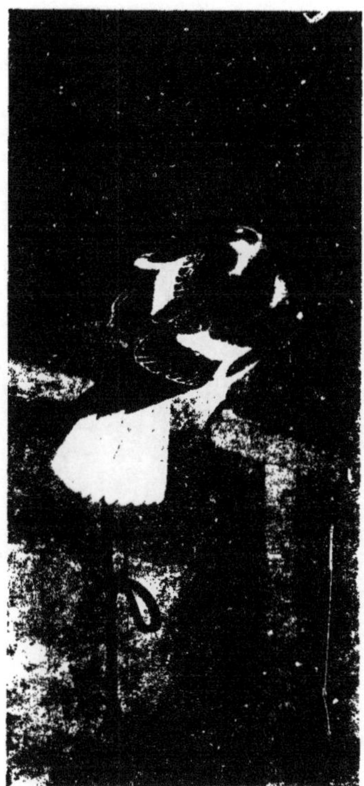

N° 1029.

1030. **So-ga Ni Tchokou-an.** — La tête rentrée dans les épaules, l'œil fixement féroce, ce faucon fait face au spectateur. La musculature puissante, et à cet instant très mouvementée, se devine sous l'ébouriffement colère des plumes. La poitrine et le ventre sont blancs, finement lamellés de noir et semés de plumes bistrées tachées de deux bruns ; la nuque est blanche. Ces tonalités claires sont encadrées par la gamme des ocres du dos et de l'aile. Le sommet et les côtés de la tête sont d'un brun plus foncé. De tout cet ensemble résulte une merveilleuse harmonie. Les liens sont violets, l'attache noire, la boucle verte et les cordons rouges. Le tablier du perchoir laisse apercevoir, par transparence, la queue aux larges rectrices bistrées et bordées de blanc. Cette peinture donne une impression dramatique prodigieusement émouvante. On lit sur le cachet : Ni Tchokou-an. B. A. J., n° 63.

1031. **So-ga Ni Tchokou-an.** — Le rapace, vu complètement de profil gauche, vient de se poser. Sa ligne, vraiment belle, fait deviner sa force. Sa couleur offre la gamme de bruns que nous avons notée chez le premier de ses compagnons, avec la dominante aussi derrière l'œil. La disposition des blancs est assez différente sur les ailes et la queue ; les rémiges secondaires et les rectrices sont colorées ici.

La partie blanche, striée de noir, de la robe est d'une matière admirable. Les liens, l'attache, la boucle rehaussés d'or et les cordons sont des mêmes couleurs que ceux des peintures précédentes. En bas, à droite, sur le cachet : Ni Tchokou-an. B. A. J., n° 64.

ÉCOLE DE HA-SE-GAVA

1032. **Ha-sé gava Tô hahou. XVI siècle.** — D'un perchoir, en bois naturel veiné, auquel se rattachent des liens de cuir et des cordons de soie verte, un faucon regarde le sol. Il est tourné vers la gauche, le dos de trois quarts et un peu courbé, le col infléchi, la tête de profil vertical. Presque toutes les plumes, sur la tête, le dos, les ailes et la queue, portent trois tons bruns. Sur la face antérieure du cou, du ventre et des cuisses, elles sont ocrées, larmées de brun et bordées de blanc. Le dessin est stylisé avec toute la perfection naturaliste et décorative des vieux maîtres primitifs. En bas, à gauche, un cachet rectangulaire porte : Ha-sé-gava ; l'autre, carré : Tô-hakou.

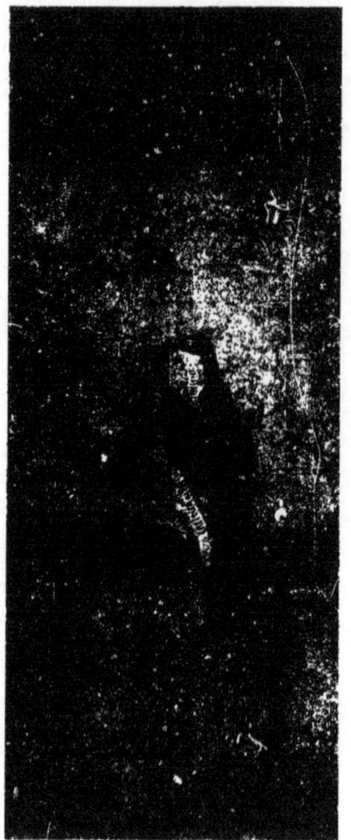

N° 1035.

Ce kakémono et les quatre suivants, peints sur papier, mesurent : Haut. : 1m.27 ; larg. : 0m.51. Tous portent les deux cachets du maître. B. A. J., n° 66.

1033. **Ha-sé-gava Tô-hakou.** — Ce faucon est vu de profil droit, le corps incliné, les ailes battantes, la queue en éventail ; la patte gauche reposant seule, la droite relevée, les doigts repliés. Il ressemble au précédent, mais il est plus svelte. Sa robe est plus foncée, surtout dans la région antéro-inférieure. Ses rectrices sont plus courtes. La barre du perchoir est en bois écorcé ; le lien de cuir fauve, l'attache blanche ; les cordons sont, l'un rouge et l'autre blanc. Le tablier opaque cache en partie le bout des rectrices. Peut-être cette admirable peinture est-elle conçue plus décorativement que la précédente, tout en étant aussi réaliste. B. A. J., n° 67.

1034. **Ha-sé-gava Tô-hakou.** — Le corps vu des trois quarts antérieurs et légèrement incliné, le cou fortement dirigé en bas et en avant, ainsi que la tête, les ailes commençant à se déployer et les rectrices à s'écarter, tout le reste du pennage hérissé, une serre relevée et repliée nerveusement, l'autre crispée sur la barre, ce faucon, magnifique échantillon d'une race très pure, semble au paroxysme de la fureur. Sa robe est superbe dans sa simplicité. Le dessus du chef et tout le dos jouent une gamme allant du bistre au brun foncé, la dominante toujours derrière l'œil : les plumes colorées sont cernées d'un ton plus clair. La gorge, la poitrine, le ventre, les cuisses et les jambes, fourrés de plumes grises presque blanches, sont barelés de noir. Liens de cuir gris, attache blanche, cordons rouges. Le naturalisme sincère du dessin, l'harmonie de la couleur, le goût de l'arrangement, un sens dramatique puissant sont les qualités maîtresses manifestées par Tô-hakou dans cette œuvre superbe. B. A. J. n° 68.

1035. **Ha-sé gava To-hakou**. — Ce faucon et le précédent portent des pennages de tous points semblables, tant par le gris blanc, finement famellé de noir de la partie antérieure que par les bruns, les ocres, les bistres qui chatoient sur le dos, les ailes et la queue. Ses doigts, très longs aussi, témoignent de la même pureté de race. Mais leurs poses et leurs expressions sont bien différentes. Celui-ci nous frappe par le calme noble de son maintien. Du perchoir on ne voit que la barre en bois naturel veiné. Les liens gris verdâtre viennent s'y rejoindre, par une attache blanche, à des cordons rouges. Il est difficile, croyons-nous, de rencontrer un plus beau faucon et il est peut-être impossible d'en faire un plus beau portrait. B. A. J., n° 70.

1036. **Ha-sé-gava Tô-hakou**. — Ce faucon fait penser aux deux précédents, sur la robe desquels auraient été semés, dans la partie antéro-inférieure, quelques plumes rousses, en forme de larmes, teintées de deux bruns. Le fond est, dans cette région, d'un gris bistré pâle barelé de noir. Le sommet de la tête, la nuque, le dos, le dessus des ailes et la queue offrent des tons bruns plus ou moins foncés. Les proportions de l'oiseau sont excellentes. La tête relevée est de profil gauche ; le corps presque de dos est tourné vers la droite. Le perchoir est en bois naturel ; les liens sont de cuir gris ; les cordons en soie, l'un blanc, l'autre jaunâtre. B. A. J., n° 71.

PRÉCURSEURS DE KO-RIN

1037. — **Hon-na-mi Ko yetsou. XVI siècle**. — Cette peinture, d'un sentiment décoratif admirable, représente des chrysanthèmes largement épanouis. La gamme des fleurs, très harmonieuse, va du blanc au rouge, en passant par le jaune et le rose saumon. Le feuillage vert sombre ou rouillé est rehaussé de nervures d'or. En bas, une plante aux feuilles sanglantes, une graminée et une variété minuscule de chrysanthème d'un rouge vif. Un grand cachet carré grisâtre porte : Ko-yetsou (?).

Kakémono sur papier. Haut. : 1m,26 ; larg. : 0m,62. B. A. J., n° 72.

1038. **Tawara-ya So-tatsou XVII siècle** (Attribué à). — Sur un fond d'or de la plus grande richesse, un buisson de « haghi » abondamment fleuri est bousculé par la rafale. Les petites fleurs blanches et roses se détachent sur le vert sombre des feuilles, en une harmonie puissante autant que douce du plus somptueux effet.

Paravent de deux feuilles. Haut. : 1m,70 ; larg. : 1m,64. B. A. J., n° 74.

1039. **Tawara-ya So-tatsou** (Attribué à). — Ce paravent de deux feuilles, peint sur papier, représente des fleurettes rouges, blanches et roses semées dans les herbes au bord d'un ruisseau. Parmi ces plantes fleuries, ou au-dessus, bruissent en foule de jolis insectes : sauterelles, libellules, papillons, mouches, etc. Exécutée sur un fond jaune, richement pailleté d'or, cette décoration fait penser à l'œuvre d'un primitif italien.

Monté en vieilles soies. Larg. tot. : 1m,84 ; haut. tot. : 0m,64. B. A. J., n° 75.

1040. — **Tawara-ya So-tatsou** (Attribué à). — Sortis des fentes d'un rocher, quelques chrysanthèmes blancs ou rouges se détachent en vigueur du fond gris jaunâtre. Au-dessus, un oiseau se dirigeant vers le sol.

Kakémono sur papier. Haut. : 1 mètre ; larg. : 0m,46. B. A. J., n° 76.

ÉCOLE DE KO-RIN

1041. **O-gata Ko-rïn. XVIIe siècle.** — Des graminées fleuries, un pavot blanc largement épanoui, quelques fleurettes champêtres, des feuilles mortes, un oisillon perché sur une herbe : tels sont les éléments de cette gracieuse décoration, claire, gaie et d'un procédé si simple en apparence. En bas, à gauche, un grand cachet rond porte Seï-seï.

Petit paravent de deux feuilles sur papier, monté en vieilles soies. Larg. : 1m,26 ; haut. : 1m,14. B. A. J., n° 77.

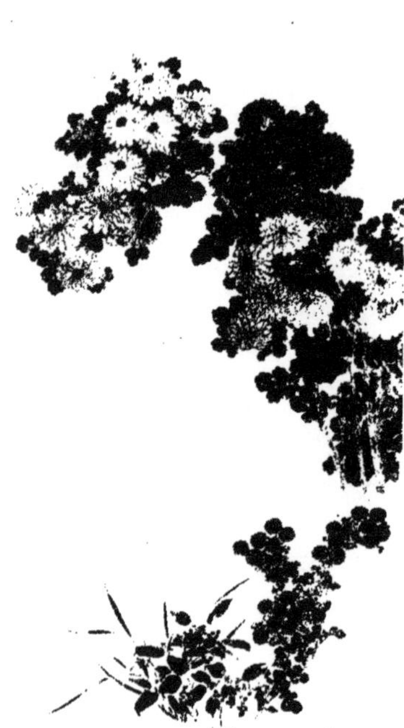

N° 1037.

1042. **O-gata Ko-rïn.** — Ici, ce sont : un camélia touffu aux fleurs rouges, un narcisse poussé dans la fente d'une roche moussue et un vieux cerisier fleuri, dont la maîtresse branche enveloppe le tout. Mêmes qualités décoratives que dans la peinture précédente, mais plus puissantes encore. En bas, à gauche, la signature : **Seï-seï Ko-rïn**, est placée au-dessous d'un cachet portant : **Ho-kyo Ko-rïn.**

Paravent de deux feuilles, peint sur papier et encadré de vieilles soies. Haut. : 1m,72 ; larg. : 1m,86. B. A. J., n° 80.

1043. **O-gata Ko-rïn.** — Cette petite peinture, qui a dû orner un « sho-dji », nous montre les maîtresses branches d'un arbre fleuri. Les noirs rompus du bois, le fond gris jaunâtre et le rouge des fleurs forment une chaude harmonie. Un cachet vermillon, en bas, à gauche, porte : **Ho-shioukou.**

Peinture sur soie. Larg. : 0m,36 ; haut. : 0m,285. B. A. J., n° 85.

1044. **O gata. Kën-zan. XVIIe siècle** (Attribué à.). — Portion d'un tronc d'érable et d'une de ses maîtresses branches garnie de quelques ramilles aux feuilles rougies. C'est avec un art et une science admirables, c'est aussi avec une habileté consommée qu'a été exécutée cette peinture. Un peu d'encre et de vermillon, nuancés et juxtaposés par un rare génie très personnel, très original, ont produit ce chef-d'œuvre, de tous points digne de l'illustre peintre et potier **Kën-zan.** C'est à lui que nous avons attribué cette décoration, d'après l'avis de nos amis du Japon ; n'ayant pu, malgré tous nos efforts, déchiffrer la signature.

Paravent de deux feuilles, sur papier. Larg. : 1m.78 ; haut. : 0m.82. Monture en vieilles soies. B. A. J., no 103.

1045. **Saka-i Ho-itsou. XVIIIe siècle.** — Branche tordue de camélia chargée de fleurs aux pétales blancs et rouges largement épanouis. Cette charmante peinture, bien digne du cerveau si raffiné de Ho-itsou, exhale une douce poésie. La facture est d'une merveilleuse habileté ; la coloration d'une délicatesse exquise. En bas, à gauche, un grand cachet rond porte : Ho-itsou.

Kakémono sur papier monté en vieilles soies. Haut. : 1m.14 ; larg. : 0m.495. B. A. J., no 104.

Saka-i Ho-itsou. — Ces quatre peintures reproduisent des motifs chers aux laqueurs de l'école de Ko-rin. Exécutées sur papier dans des tons charmants, avec rehauts d'or et d'argent, elles devaient sans doute, avec d'autres analogues, décorer quelque paire de paravents. Trois d'entre elles sont reproduites dans B. A. J., sous les numéros 107-1, 107-2, 107-4. La seconde ne porte aucun nom ; les trois autres portent : Ho-itsou et la répétition de ce même nom sur un cachet en forme de vase. Elles mesurent : haut. : 0m.215 ; larg. : 0m.165.

1046. — Un iris bleu et un autre blanc, garnis de leurs longues feuilles.

1047. Fleurs et graminées.

1048. Deux montagnes séparées par un ravin aux cerisiers fleuris mêlés à des sapins.

1049. La lune, en partie cachée par un nuage noir, éclaire des roseaux fleuris au bord d'un ruisseau.

1050. **Souzou-ki Ki-itsou. XIXe siècle.** — Un tout jeune chien joue avec un kaki.

Éventail en couleur sur papier. A gauche, un grand cachet rond porte : Ki-itsou.

ÉCOLE DE MAROU-YAMA

1051. **Marou-yama O-kio. XVIIIe siècle.** — Un enfant tire de toutes ses forces sur la corde passée dans le mufle d'un bœuf. Cette peinture, exécutée puissamment à l'encre accompagnée seulement de quelques légères touches bleues et rouges, est singulièrement remarquable par la grandeur et le goût de la composition, la sûreté du dessin, la justesse du mouvement et l'intensité de la vie. La signature : O-kio est placée au-dessus de deux cachets dont le supérieur porte : Tchiou-sën et l'autre : O-kio no in (littéralement : cachet de O-kio).

Kakémono sur papier. Larg. : 0m.51 ; haut. : 0m.32. B. A. J., no 113.

1052. **Marou-yama O-kio.** — Sous la pâle clarté de la lune à demi cachée par les nuages, un champ de crucifères élancées, aux fleurs jaunes, se perd dans la brume. Une douce harmonie, une poésie exquise se dégage de cette œuvre charmante. Signature : O-kio. Le cachet porte : O-kio no in.

Kakémono, sur papier. Haut. : 0m.29 ; larg. : 0m.39. B. A. J., 114.

1053. **Mori So-zën. XVIIIe siècle.** — Sur un rocher, au pied d'un roseau, s'ébattent deux tortues. Dans l'eau, au-dessous, une troisième nage vers le bord. Cette peinture est la première d'une suite de trois kakémono, dans lesquels l'artiste nous montre, sous des aspects très divers, la souplesse de son talent d'animalier. La signature : So-zen est placée au-dessous d'un cachet portant le même nom.

Cette peinture, ainsi que les deux suivantes, exécutée en couleur sur papier, mesure : Haut. : 1m.27 ; larg. : 0m.53. B. A. J., 115 à 117.

1054. **Mori So-zën**. — Un faisan picore le sol devant une touffe de roseaux. D'une grande richesse de couleur, cette peinture est aussi d'un mouvement très juste et d'un fort noble style. Signature et cachet : So-zën.

1055. **Mori So-zën**. — Assis sur un rocher surplombant un précipice, un gros singe épouille son petit, qu'il tient entre ses jambes. Derrière eux des plantes grimpantes ; près du rocher, une chute d'eau. Les deux quadrumanes sont rendus comme savait seul le faire So-zën, naturaliste patient autant que peintre habile. Signature et cachet : So-zën.

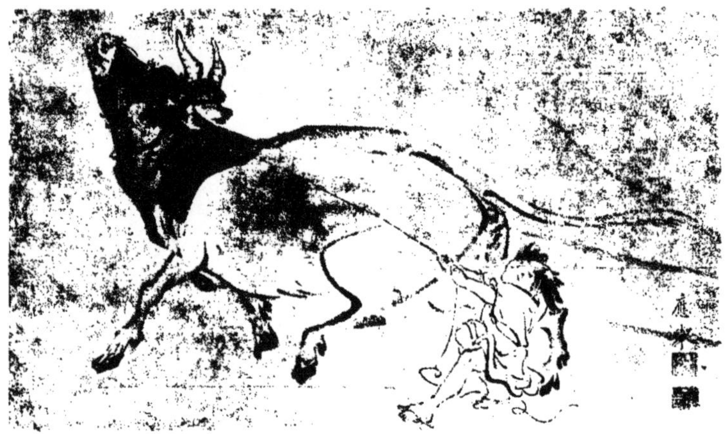

N° 1051.

1056. **Mori So-zën**. — Un cerf axis tourne la tête en marchant. Brossés largement et très délicatement avec des gris, des jaunes roux et quelques noirs, les moindres détails de la robe sont admirablement rendus. Ce tableau est une merveille de naturel et de style. Signature et cachet : So-zën.

Kakémono sur papier. Haut. : $1^m.405$; $0^m.95$. B. A. J., n° 149.

INDÉPENDANTS

1057. **Sho-kwa-do. XVIIe siècle**. — Ho-teï, appuyé sur son fameux sac, tient de la main droite un éventail ; sa main gauche repose sur son genou. Le dieu du bonheur sourit malicieusement. Le cachet porte : Sho-jo.

Encre sur papier. Haut. : $0^m.79$; larg. : $0^m.27$. B. A. J., 137.

1058. **Sho-kwa-do**. — Ho-teï, de face, assis sur son sac, tient de la main droite l'éventail d'arbitre des luttes ; la gauche est haut levée. Le cas est délicat sans doute ; car l'expression joviale, habituelle à ce protecteur de l'enfance, est devenue grave, préoccupée. Le cachet supérieur porte : Sho-jo-wo ; l'autre : Sho-jo.

Encre sur papier. Larg. : 0m,425 ; haut. : 0m,305. B. A. J., 138.

1059. **Gan-kou. XVIIIe siècle.** — Au premier plan, un homme pêche de sa barque à demi cachée dans un marais ; au fond la hutte du pêcheur. La rafale couche les roseaux et s'acharne sur la chaumine. La signature : Outa-no-soukè Gan-kou est placée au-dessus de deux cachets mis à l'envers, dont l'un porte Gan-kou et l'autre est indéchiffrable.

Kakémono en couleurs sur soie. Haut. : 1m,48 ; larg. : 0m,565. B. A. J., 147.

1060. **Gan-kou.** — Sur le dos d'un énorme bœuf couché, un enfant dort, la tête dans ses poings. Cette œuvre vigoureuse est largement tachée de noir intense, avec quelques touches d'indigo et de rouge. En haut, à droite : Outa-no-soukè Gan-kou. Timbré : Gan-kou, et, au-dessous : Tën-kaï-koutsou (ou : Tën-kaï-wo).

Kakémono sur soie. Haut. : 0m,965 ; larg. : 0m,42. B. A. J., 148.

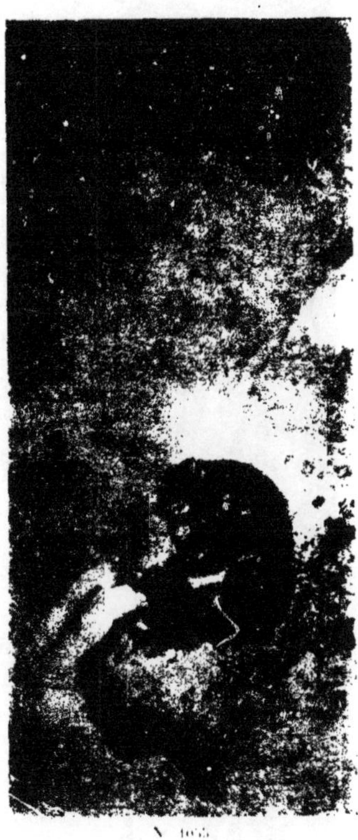

N° 1060.

1061. **Tani Boun-tcho. XVIII siècle** (Attribué à). — D'une facture un peu chinoise, mais avec une perspective admirablement rendue, cette peinture nous présente les huit vues célèbres de la province de O-mi. Très harmonieuse de couleur, elle fait bien comprendre la réputation de Tani Boun-tcho, maître paysagiste excellent, précurseur de Hiro-shighé, dont les estampes ont bien souvent reproduit ces mêmes sites.

Peinture sur soie. Larg. : 1m,71 ; haut. : 0m,65. B. A. J., 150.

1062. **Setsou-an. XIX siècle.** — Cette peinture, largement brossée, représente un hibou, vu de dos, perché sur un arbre entièrement dépouillé. Signature : Setsou-an ; cachet : Boun-ko (?).

Kakémono sur papier. Haut. : 0m,98 ; larg. : 0m,30. B. A. J., 154.

1063. **Soui-ran. XIX siècle.** — Eventail sur papier décoré de haghi, de volubilis et de fleurettes jaunes d'un arrangement très heureux. La signature : Soui-sai (à gauche) près de deux cachets portant Soui-ran.

1064. **Soui-ran.** — Les trois végétaux porte-veine : « matsou » (pin), « take » (bambou) et « oumé » (prunier fleuri). Eventail en couleur, sur papier. Signature : Soui-sai, au-dessus d'un petit cachet rouge.

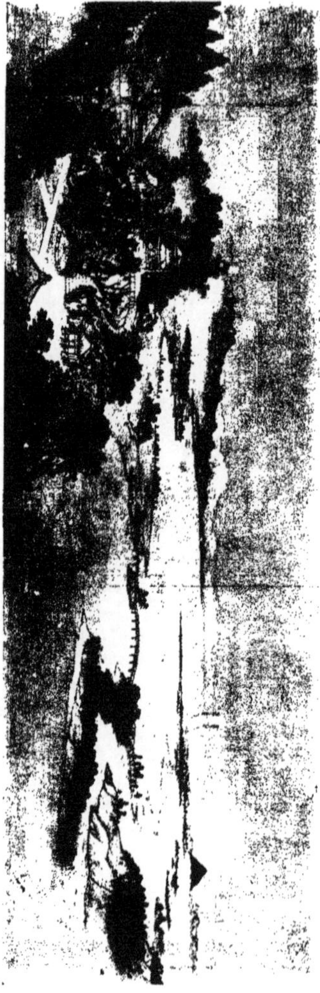

N° 1061.

OUKI-YO-É

1065. **Iwa-sa Mata-bé-é. XVIIIᵉ siècle** (Attribué à). — (Nous décrivons sous ce numéro deux paravents qui, mis bout à bout, ne forment qu'une seule et même composition et ne peuvent donc pas être séparés.) Sur un fond d'or sourd, à travers des nuages d'un or plus brillant, se dresse une chaîne de montagnes, aux tons vert sombre et bruns calcinés, dominée par le Fouji-yama. En bas, à gauche la petite ville de Mi-ho (?). Près d'elle, une rivière aux ondes bleuâtres : le cortège d'un « daïmio » l'a presque entièrement traversée, pour se rendre au temple Seï-ken-ji, dont on voit les constructions sur la droite. Nobles cavaliers aux riches costumes, soldats, porteurs et curieux animent vivement cette immense miniature, œuvre du plus haut style qui, par son noble caractère et la richesse de sa matière, fait penser un instant à quelque splendide décoration byzantine.

Chacun de ces paravents, peint sur papier et monté en vieilles soieries, mesure : Larg. totale : $1^m,80$; haut. : $1^m,70$. B. A. J., 163.

1066. **Okou-moura Masa-nobou. XVIIIᵉ siècle** (Attribué à). — Jeune courtisane. Son « kimono » décoré d'un prunier fleuri blanc sur rouge vif, est tenu par une ceinture noire nouée en avant et recouvert d'un autre kimono blanc et brun. Une « kamouro » (petite servante) la suit, portant à la main un nécessaire de fumeur.

Cette peinture et les deux suivantes sont exécutées sur papier.

1067. **Okou-moura Masa-nobou** (Attribué à). — Jeune femme drapée dans un costume verdâtre brodé de hérons blancs. De la droite elle tient un éventail, tandis que de la gauche elle relève sa robe d'un geste charmant. Elle est habillée en dessous de deux autres kimono : l'un blanc, l'autre rouge vif. Sur le tout une ceinture de crépon jaune.

1068. **Okou-moura Masa-nobou** (Attribué à). — Une jeune femme s'avance vers la droite. Ses cheveux sont retenus par un peigne d'ivoire laqué d'or et de deux épingles. Elle porte trois kimono :

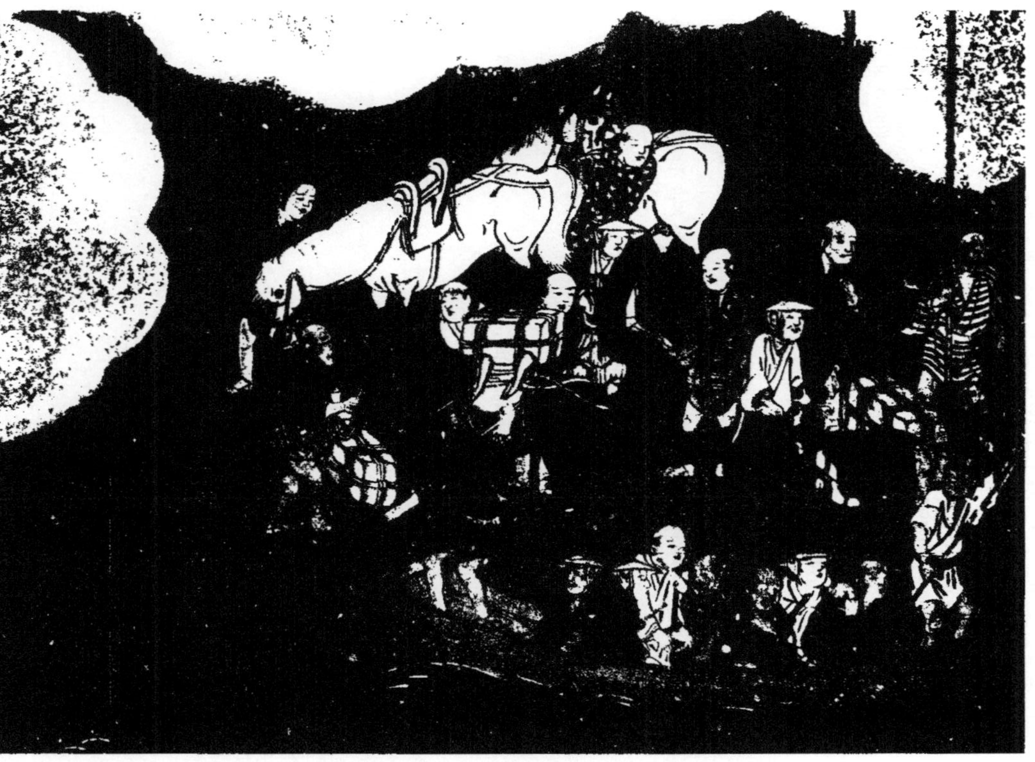

N° 106[illegible]. — Fragment sur [illegible] de la grandeur naturelle. — Iwasa Matabeï.

l'un est blanc, un autre jaune; le troisième, bleu pâle jusqu'aux genoux et vert intense sur les jambes, est décoré dans sa partie moyenne de crosses de fougère bleu lapis.

1069. **Okou-moura Masa-nobou** (Attribué à). — Sur la première de ces peintures, un homme en manteau vert, coiffé d'un large chapeau de paille et tenant un éventail devant son visage, adresse quelques propos galants à deux jolies « djo-ro » assises à l'intérieur d'une maison.

1070. — La seconde nous montre deux amoureux en tête à tête, près d'un « tsoui-taté » (sorte d'écran) décoré d'un érable, sur lequel sont jetés quelques vêtements.

Peinture sur papier. Haut. : 0m,15; larg. : 0m,145.

1070 *bis*. **Hiro-shighé. XIXe siècle.** — Petite peinture traitée à la gouache, représentant un personnage d'aspect humoristique, sorte de « man-zaï » portant un large « bakama » surmonté d'un vêtement aux manches larges et rigides, décorées d'un « mon » formé d'une cigogne. Signé : Hiro-shighé.

1071. **Hanabousa It-tcho Ier XVIIe siècle.** — Yébisou, l'un des sept dieux du bonheur, sa longue ligne dans la main droite, conduit de la gauche un cheval qui porte un gros poisson dans un panier. Cette œuvre, tracée en quelques coups d'un pinceau léger, nous montre It-tcho sous son aspect gai et humoristique. La signature : Tcho-ko est placée au-dessus d'un cachet portant : Koun-ji.

Kakémono, sur papier, large de 0m,47, haut de 0m,315. B. A. J., 185.

1072. Deux exemplaires sur papier Hollande, ornés de cent quinze planches sur Japon, des « Biographies d'Artistes Japonais », par P. Barboutau.

ERRATUM

Page 23, au lieu de No 254, *lire* No 253, sous la figure.

TABLE DES NOMS D'ARTISTES

Le Puy, imp. Marchessou. — Peyriller, Rouchon et Gamon, succ

ORDRE DES VACATIONS

Mardi 31 Mars 1908

	Nos
Objets d'art	70 à 78. *Idem* 1 à 70
Dessins	175 à 188.
Estampes	189 à 315. *Idem* 468 à 524

Mercredi 1er Avril 1908

Objets d'art	166 à 173. *Idem* 79 à 165
Estampes	316 à 467. *Idem* 525 à 581

Jeudi 2 Avril 1908

Estampes	700 à 796.
Peintures	1041 à 1071.
Estampes	582 à 699.

Vendredi 3 Avril 1908

Estampes	984 à 990. *Idem* 797 à 898
Tissus anciens	991 à 1006.
Peintures	1007 à 1040.
Estampes	899 à 983.
Divers	174 et 1072.

www.ingramcontent.com/pod-product-compliance
Ingram Content Group UK Ltd.
Pitfield, Milton Keynes, MK11 3LW, UK
UKHW020336180726
13839UKWH00002B/737